DOMINIQUE LORMIER

L'IMPOSTURE DU SAUVEUR AMÉRICAIN

1917-1918 / 1941-1945

Dominique Lormier

Historien et auteur de plus de 150 ouvrages, membre de l'Institut Jean Moulin, lieutenant-colonel de réserve, chevalier de la Légion d'Honneur, Dominique Lormier est l'un des plus grands spécialistes des deux guerres mondiales.

L'imposture du sauveur américain 1917-1918 / 1941-1945

Publié par Le Retour aux Sources

www.leretourauxsources.com

© Omnia Veritas Limited – Dominique Lormier – 2020

Tous droits réservés. Aucune partie de cette publication ne peut être reproduite par quelque moyen que ce soit sans la permission préalable de l'éditeur. Le code de la propriété intellectuelle interdit les copies ou reproductions destinées à une utilisation collective. Toute représentation ou reproduction intégrale ou partielle faite par quelque procédé que ce soit, sans le consentement de l'éditeur, de l'auteur ou de leur ayants cause, est illicite et constitue une contrefaçon sanctionnée par les articles L-335-2 et suivants du Code de la propriété intellectuelle.

INTRODUCTION 11

1 14

MARS-AVRIL 1918 : L'ARMÉE BRITANNIQUE SAUVÉE UNIQUEMENT PAR LES TROUPES FRANÇAISES 14

2 23

MAI-JUILLET 1918 : L'ARMÉE FRANÇAISE REMPORTE QUASIMENT SEULE LA SECONDE BATAILLE DE LA MARNE 23

3 33

LES COMBATS LIMITES DE L'ARMÉE AMÉRICAINE ET LES DERNIÈRES OFFENSIVES ALLIÉES SUR LE FRONT OCCIDENTAL 33

4 41

L'APPORT CAPITAL ET MÉCONNU DE L'ARMÉE ITALIENNE 41

5 61

LA CONSTRUCTION DU MYTHE DU SAUVEUR AMÉRICAIN EN 1918 61

6 67

L'HÉROÏQUE SACRIFICE DE L'ARMÉE FRANCAISE EN MAI-JUIN 1940 SAUVE LA GRANDE-BRETAGNE DE L'INVASION 67

7 101

HITLER ET MUSSOLINI PERDENT LA GUERRE DÈS 1941 101

8 107

MUSSOLINI A-T-IL FAIT PERDRE LA GUERRE À HITLER ? 107

9 133

L'APPORT CAPITAL DE L'ARMÉE SOVIÉTIQUE DANS LA DÉFAITE ALLEMANDE 1941-1945 133

10 145

LES REVERS AMÉRICAINS EN TUNISIE ET LA MÉDIOCRITÉ CACHÉE DU GÉNÉRAL PATTON 145

11 157

ROOSEVELT VEUT PLACER LA FRANCE SOUS ADMINISTRATION ANGLO-AMÉRICAINE, MALGRÉ LE RÔLE IMPORTANT DE CE PAYS DANS LA DÉFAITE ALLEMANDE 157

12 201

NORMANDIE ET PROVENCE : DES DÉBARQUEMENTS ET DES COMBATS MENÉS À 60% PAR DES TROUPES NON AMÉRICAINES ! 201

Sword Beach : Bénouville et Ranville 206
Sword Beach : Merville 207
Sword Beach : Colleville et Oustreham-Riva-Bella 207
Sword Beach : Hermanville-sur-Mer, Lions-sur-Mer et Luc-sur-Mer 208
Sword Beach : Caen et Carpiquet 209
Juno Beach : Langrune-sur-Mer et Saint-Aubain-sur-Mer 209
Juno Beach : Bernières-sur-Mer 210
Juno Beach : Douvres-la-Délivrande 211
Juno Beach : Courseulles-sur-Mer et Graye-sur-Mer 211
Gold Beach : Ver-sur-Mer et Asnelles-sur-Mer 212
Gold Beach : Arromanches-les-Bains 213
Gold Beach : Longues-sur-Mer 213
Gold Beach : Port-en-Bessin et Bayeux 214
Omaha Beach la sanglante 215
Englesqueville-la-Percée 217
La pointe du Hoc 218
Grandcamp-Maisy 220
Utah Beach : Sainte-Mère-Eglise 220
Utah Beach : Sainte-Marie-du-Mont et Quinéville 221

13 271

LA RÉALITÉ CHIFFRÉE DE LA GUERRE DU PACIFIQUE ET EN ASIE 271

CONCLUSION 277

SOURCES PRINCIPALES SUR LA PREMIERE GUERRE MONDIALE 283
SOURCES PRINCIPALES SUR LA SECONDE GUERRE MONDIALE 285

OUVRAGES DU MÊME AUTEUR 291

INTRODUCTION

Depuis des décennies, les médias officiels et les historiens les plus conformistes, abreuvés de propagande américaine et fascinés par tout ce qui vient d'Outre-Atlantique, nous racontent que la France a été sauvée en 1917-1918 et en 1944-1945 par les États-Unis. Le rôle des autres puissances alliées est souvent minoré, au nom du « dogme » de l'unique sauveur américain. Récemment, une journaliste de la matinale de *France Inter* soulignait que les USA avaient sauvé à deux reprises le monde libre, reprenant ainsi l'un des clichés les plus éculés de la doxa dominante.

Le cinéma américain a largement contribué, à travers de très nombreux films de guerre vantant l'héroïsme de ses soldats, à cette « vérité planétaire », que peu d'historiens osent remettre en question, de peur d'être taxés « d'antiaméricanisme primaire ». En 1946, un sondage dévoilait que plus de 60% des Français étaient persuadés que le pays ayant vaincu l'Allemagne hitlérienne était en première place la Russie soviétique. En 2015, un sondage démontrait qu'environ 80% des Français voyaient dans les États-Unis le principal artisan de la défaite allemande de 1945. Il est vrai que 70 ans de propagande cinématographique américaine sont passés par là.

À chaque anniversaire de la victoire de 1918, du débarquement de Normandie en 1944 et de la défaite allemande de 1945, on assiste toujours au même scénario médiatique, avec la mise en avant du sauveur américain, au détriment des autres soldats alliés. Concernant la Seconde Guerre mondiale, le rôle pourtant déterminant de la Russie soviétique est même méprisé par les politiques et certains médias occidentaux. Il est d'ailleurs significatif de constater que lors des commémorations à Moscou de la défaite allemande en mai 2015, les chefs des gouvernements américain, britannique et français n'ont pas trouvé utile de s'y rendre, oubliant ainsi que sur les 5 318 718 000 soldats allemands tués durant la Seconde Guerre mondiale, près de quatre millions sont tombés contre l'armée soviétique, déplorant de son côté 9 168 400 soldats tués contre 416 837 soldats américains...

Concernant la Première Guerre mondiale, les chiffres sont tout aussi éclairants puisque pour 1 400 000 soldats français tués, 780 000 soldats italiens et 776 000 soldats britanniques, les États-Unis totalisent 116 516 tués, dont 53 402 tombés au combat et 63 114 victimes de morts accidentelles. Il convient d'y ajouter les 1 950 000 soldats allemands et 1 200 000 soldats austro-hongrois tués.

Le 1ᵉʳ novembre 1918, on compte sur le front français 111 divisions françaises en première ligne, 63 britanniques, 16 américaines, 12 belges et 2 italiennes contre 192 divisions allemandes. Sur le front italien, le 1er octobre 1918, il y a 51 divisions italiennes, 4 britanniques, 2 françaises et 1 régiment américain en première ligne contre 63 divisions austro-hongroises. Ainsi l'apport américain reste largement minoritaire sur les deux principaux fronts, durant cette période cruciale de ce conflit. Mais les films de propagande montrent l'arrivée massive des troupes américaines dans les ports français, leurs entraînements à l'arrière du front, leurs défilés impeccables. Ces images, tournées pour démontrer la toute-puissance numérique du nouvel allié, ont rempli leur rôle : remonter le moral des soldats alliés, combattant depuis 1914 ou 1915, et surtout démoraliser l'adversaire allemand. Cette vaste propagande a également fait croire aux générations suivantes que la victoire de 1918 était d'abord un succès militaire américain ! Il en va de même de la Seconde Guerre mondiale, même si l'apport américain est nettement plus important.

Il est grand temps de dénoncer cette imposture historique à travers cet ouvrage, reposant en grande partie sur des archives et des témoignages inédits. Les victoires des Alliés de 1918 et de 1945 sont avant tout le triomphe de la propagande américaine au détriment de la réalité historique.

1

MARS-AVRIL 1918 : L'ARMÉE BRITANNIQUE SAUVÉE UNIQUEMENT PAR LES TROUPES FRANÇAISES

Le 6 avril 1917, l'entrée en guerre des États-Unis aux côtés des Alliés est acclamée comme un événement mondial dans la presse franco-britannique, afin de démoraliser l'Allemagne et l'Autriche-Hongrie. On avance que plusieurs millions de soldats américains vont bientôt arriver dans les ports français et bouleverser le cours de la guerre. En réalité, l'armée américaine, réduite à l'époque à 200 000 hommes et à une industrie d'armement quasiment inexistante, ne représente en rien un danger immédiat pour les adversaires allemands et austro-hongrois. Le 3 novembre 1917, soit huit mois après la déclaration de guerre américaine, on compte un seul régiment de ce pays en première ligne, dans le secteur français de Lunéville, à savoir le 16e régiment d'infanterie, qui déplore 3 soldats tués, 12 blessés et 11 prisonniers. Durant la même période d'avril-novembre 1917, l'armée française, forte d'une centaine de divisions, livre de nombreux combats au Chemin-des-Dames, en Artois, dans les Flandres, à La Malmaison et à Verdun, avec la mise hors de combat de 459 000 de ses soldats (tués, blessés, disparus). De son côté, durant ces huit mois de lutte intensive, l'armée allemande déplore 818 000 soldats hors de combat (tués, blessés, disparus) sur le front français. L'effort militaire américain est donc quasiment nul à cette époque. Seuls les Alliés britanniques et italiens apportent un soutien militaire important à la France avec environ 50 divisions de part et d'autre, sur le front français pour le premier et sur le front austro-italien pour le second. Quant à la Russie, frappée par la Révolution en mars 1917, son armée n'est plus en mesure de soutenir activement les Alliés occidentaux sur le front de l'Est. Elle doit même se résoudre à signer un traité de paix avec l'Allemagne et l'Autriche-Hongrie le 3 mars 1918.

Début mars 1918, l'armée allemande, libérée du front russe, aligne sur le front français 197 divisions contre 167 divisions alliées, dont 105 françaises, 56 britanniques et 6 belges. À la veille des premières offensives allemandes de mars et avril 1918, seules 4 divisions américaines sont engagées en première ligne. Plus de 60% des soldats américains franchissent l'Atlantique sur des navires britanniques et sont équipés à 90% d'un armement lourd français.

Sur les 1 800 000 soldats américains présent en France en octobre 1918, seulement 400 000 combattent en première ligne ! Les autres se trouvent à l'arrière, instruits massivement par des sous-officiers et des officiers français, et ne seront opérationnels qu'en mars 1919 ! Au même moment (octobre 1918), l'armée française aligne 2 600 000 soldats, l'armée britannique 1 700 000 sur le front français, sans oublier 170 000 soldats belges et 60 000 soldats italiens. Durant la même période, sur le front austro-italien, on compte 2 000 000 de soldats italiens, 40 000 français, 75 000 britanniques et seulement 5 000 américains. Le front des Balkans absorbe, en septembre 1918, 210 000 soldats français, 157 000 grecs, 144 000 italiens, 138 000 britanniques, 119 000 serbes et aucun soldat américain. Ainsi, sur les 1 805 000 soldats américains présent en Europe en octobre 1918, seulement 400 000, dont 200 000 ayant l'expérience du combat, participent aux opérations militaires.

Fait totalement méconnu, la France livre à l'armée américaine, durant l'année 1918, 4000 canons, 4000 avions (dont 740 utilisés au combat) et 240 chars. Cette même France, prétendument au bord du gouffre sans « l'aide américaine », produit durant toute la durée de la guerre 51 000 avions, 3800 chars, 98 000 véhicules, soit bien davantage que tous ses Alliés réunis. Durant l'été 1918, l'armée française dispose de 2600 chars et son allié britannique de 610 tanks, alors que l'adversaire allemand ne peut en opposer qu'une cinquantaine. Heureusement, les 400 000 soldats américains, réellement engagés en première ligne, vont sauver la France en 1918...

*

En mars 1918, l'armée allemande, enfin libérée du front russe et désireuse d'en finir au plus vite avec les Alliés occidentaux, décide dans un premier temps de frapper l'armée britannique en Picardie, pour se retourner ensuite contre son principal adversaire, à savoir l'armée française, tenant la majorité du front occidental. Le commandement allemand n'ignore pas que l'armée américaine n'atteindra sa pleine puissance qu'à la fin du premier trimestre 1919. Il dispose donc d'une année pour remporter la guerre.

En Picardie, sur un front de 70 kilomètres, en Arras et Noyon, le général allemand Ludendorff masse 63 divisions et 6200 canons contre 29 divisions britanniques du général Haig, soutenues par 2500 pièces d'artillerie.

Le jeudi 21 mars 1918, à 4 heures 40, les 6200 canons allemands ouvrent le feu. La préparation d'artillerie est de courte durée mais d'une extrême intensité : 80 minutes de bombardement massif à obus toxiques sont suivies de plus de 3 heures de feu roulant à obus explosifs.

Au lieu de fixer des objectifs successifs et des étapes dans la progression, la tactique allemande adopte systématiquement l'infiltration des groupements d'assaut de toutes armes : fusiliers, mitrailleurs, lance-flammes, mortiers et canons d'accompagnement, permettant de pousser la puissance de feu le plus en avant possible. Ces groupes d'assaut sont lancés vers des objectifs lointains, qu'ils doivent atteindre rapidement, sans se soucier de leurs flancs ni de leurs arrières. Derrière eux, les poches des résistance dépassées sont réduites par d'autres unités et les réserves sont poussées où la progression se poursuit. C'est la division qui mène la bataille avec les chefs des bataillons d'assaut : les commandements intermédiaires ne sont que des échelons de ravitaillement et des répartitions des renforts.

Le 21 mars 1918, à 9 heures, par un épais brouillard, les troupes allemandes d'assaut s'infiltrent dans les lignes britanniques juste après le pilonnage d'artillerie et de très nombreux soldats britanniques sont surpris dans leurs abris. En quelques heures, le front britannique s'effondre totalement et les Allemands s'enfoncent profondément vers l'ouest en capturant, pour l'unique journée du 21 mars, 60 000 soldats britanniques !

L'avance allemande se poursuit les jours suivants, sur un rythme irrésistible. Du 22 au 25 mars 1918, l'armée allemande franchit la Somme entre Ham et Péronne, s'empare de Bapaume. Du 21 mars au 5 avril 1918, les Allemands effectuent une percée d'environ 100 kilomètres, entrent dans Montdidier et font 90 000 prisonniers britanniques. L'armée anglaise, au bord de l'effondrement, est contrainte d'appeler au secours l'armée française.

Les généraux Pétain et Foch, forts prévoyants, ont constitué le groupe d'armées de réserve du général Fayolle, formé de trois armées (aux ordres des généraux Debeney, Humbert et Duchêne), dont l'ensemble représente une trentaine de divisions françaises. Ces importants renforts français entrent progressivement en ligne dès le 26 mars et sauvent l'armée britannique d'un désastre, en parvenant à bloquer les Allemands. Finalement, l'offensive allemande meurt à quelques kilomètres d'Amiens et de Compiègne. Dès le 24 mars, Pétain décide d'engager massivement son aviation dans la bataille, qui ralentit sérieusement le mouvement des Allemands : 2800 avions français viennent épauler 1200 appareils britanniques, opposés à 2900 avions allemands. Ludendorff doit suspendre son action en Picardie.

L'offensive allemande du 21 mars 1918 a failli provoquer l'effondrement total du front allié. Pour mieux coordonner leurs troupes, les Alliés se rencontrent à Doullens, le 26. D'un commun accord, le général français Foch devient le commandant en chef des forces armées alliées sur le front occidental, tandis que le général Pétain le seconde en tant que commandant en chef des armées françaises et le maréchal Haig du côté des troupes britanniques.

Ludendorff, désirant en finir au plus vite avec l'armée britannique pour ensuite écraser sa principale rivale qu'est l'armée française, lance une nouvelle offensive sur un front de 40 kilomètres, entre Ypres et Béthune, au nord d'Arras, dans les Flandres, afin de s'ouvrir la route des ports du Pas-de-Calais. Le 9 avril 1918, une quarantaine de divisions allemandes, soutenues par une puissante artillerie, balayent en quelques heures deux divisions portugaises et une dizaine de divisions britanniques. Le soir même, après une percée de dix kilomètres de profondeur et la capture de 6000 soldats britanniques et portugais, l'armée allemande franchit la Lys en plusieurs endroits.

Les troupes allemandes progressent d'une cinquantaine de kilomètres en quelques jours. Finalement, les renforts français sauvent une fois de plus les Britanniques d'un désastre. En effet, dès le 15 avril 1918, l'armée française de réserve du général de Mitry, forte de 8 divisions, entre en ligne pour défendre les monts des Flandres. Son action décisive permet de refouler les troupes allemandes, où s'illustrent particulièrement les 28e et 39e divisions françaises des généraux Madelin et Massenet. L'offensive allemande est définitivement brisée le 1er mai.

Les troupes américaines, limitées alors à 4 divisions positionnées en Lorraine, ne sont pas intervenues lors des batailles décisives de Picardie et des Flandres, de mars à avril 1918, où 38 divisions françaises, engagées en renforts, ont joué un rôle capital dans le rétablissement des troupes britanniques. Le maréchal Haig doit même dissoudre 10 divisions britanniques décimées, obligeant le général Pétain à allonger son front de 97 kilomètres. Du 21 mars au 1er mai 1918, l'armée britannique déplore 418 000 soldats hors de combats, victimes des deux offensives allemandes de Ludendorff.

Le 2 mai 1918, on compte sur le front français 12 divisions belges, 46 divisions britanniques, 110 divisions françaises, 4 divisions américaines, 2 divisions italiennes contre 204 divisions allemandes. Sur un front d'environ 850 kilomètres, l'armée française est positionnée sur 700 kilomètres ! Des chiffres qui permettent de mesurer l'immense effort consenti par la France à ce moment décisif de la guerre, et qui balayent les élucubrations avancées par certains « historiens » affirmant que l'armée américaine aurait joué un rôle décisif durant cette période : ce qui est faux !

Comme l'écrit fort justement le colonel Michel Goya, « l'armée française a joué un rôle capital dans la victoire sur l'Allemagne durant la Première Guerre mondiale. Si elle fut toujours l'armée principale des Alliés – sur la Marne en 1914 ou à Verdun en 1916 –, c'est lors des combats gigantesques de 1918 qu'elle a été la plus grande, la plus moderne et, à partir de l'effondrement allemand, la plus puissante grâce à une industrie de guerre aussi imaginative que performante ».[1]

Avec un important parc de véhicules à moteur et un excellent réseau ferroviaire, l'armée français peut déplacer en peu temps une quarantaine de divisions, maintenues en réserve, pour soutenir son allié britannique. Sa mobilité permet de contenir les offensives allemandes les plus puissantes.

---

[1] Michel Goya, *Les vainqueurs, comment la France a gagné la Grande Guerre*, éditions Tallandier 2018.

Le général allemand Ludendorff concentre désormais toute son attention sur l'armée française, sa principale rivale, après avoir fortement affaibli les troupes britanniques. Il est persuadé de remporter la victoire finale en quelques semaines, bien avant l'arrivée massive des troupes américaines.

2

MAI-JUILLET 1918 : L'ARMÉE FRANÇAISE REMPORTE QUASIMENT SEULE LA SECONDE BATAILLE DE LA MARNE

Le général allemand Ludendorff estime désormais que pour vaincre définitivement les Alliés sur le front occidental, il doit impérativement écraser l'armée française, sa principale rivale. L'armée britannique, assommée et décimée par les deux précédentes offensives allemandes en mars et avril 1918, ne tient ses positions que grâce au soutien de 47 divisions françaises, ce qui a pour conséquence de dégarnir le front central du Chemin-des-Dames, où les troupes françaises sont désormais moins nombreuses. Ludendorff compte frapper les Français dans ce secteur, marqué par de violents combats en 1917.

Sur les 90 kilomètres du front du Chemin-des-Dames, deux armées allemandes, alignant 43 divisions et 4000 pièces d'artillerie, doivent passer à l'assaut le 27 mai 1918. En face, la 6ᵉ armée française du général Duchêne ne dispose que de 15 divisions et 1500 canons. À 1 heure du matin, le bombardement à obus toxiques et classiques s'abat sur les positions françaises. À 3 heures 40, l'infanterie allemande s'avance derrière le barrage roulant de son artillerie. Malgré l'alerte donnée le 26 mai par deux prisonniers allemands, la surprise est totale. Elle se double d'une mauvaise conduite de la défense. Malgré les ordres formels de Pétain, Duchêne, bien que disposant d'effectifs réduits, a bourré ses troupes en première ligne, sans effectuer de systèmes défensifs en profondeur, condamnant ainsi son infanterie au massacre en cas de barrage d'artillerie de l'ennemi. Il y a plus grave, les ponts du canal de l'Ailette et de l'Aisne n'ont pas été détruits. Si bien que dès le premier jour de l'offensive le front français est enfoncé.

Les Allemands abordent La Vesle à Fismes et ne s'arrêtent, après un bond de 20 kilomètres, que sur les plateaux au sud de cette rivière. Pétain mesure tout de suite l'ampleur du désastre. Il rameute la 5e armée françaises du général Micheler et décide de s'accrocher à tout prix sur les plateaux du secteur de Soissons, comme sur la montagne de Reims, dont il pense déjà se servir comme basse de contre-attaque. Mais le 30 mai, les Allemands atteignent la Marne entre Dormans et Château-Thierry. Foch met à la disposition de Pétain la 10e armée française du général Maistre, rappelée de Picardie. L'offensive allemande se heurte à une résistance opiniâtre du côté de Soissons et de Reims. L'aviation française de bombardement s'acharne sur toutes les concentrations ennemies.

Le 1ᵉʳ juin 1918, la 10ᵉ armée française assure la défense de la forêt de Villers-Cotterêts, où les chars Renault FT 17 se distinguent particulièrement en refoulant l'infanterie allemande à Chaudun et à Berzy-le-Sec. Dans la soirée, les Allemands du groupement d'assaut von Conta parviennent cependant à s'emparer de Château-Thierry, défendu par les régiment coloniaux du général Marchand, soutenus par des mitrailleurs américains. Après avoir progressé de 50 kilomètres en trois jours, l'armée allemande, à bout de souffle, ne parvient pas à franchir la Marne, malgré l'engagement de 3 nouvelles divisions. Paris à 70 kilomètres redevient l'objectif principal de Ludendorff.

Le 9 juin 1918, à 4 heures, 13 division allemandes passent à l'attaque, sur 30 kilomètres, entre Noyon et Montdidier. La 3ᵉ armée française du général Humbert a pris ses dispositions pour recevoir l'assaillant. Les 5 divisions français parviennent à repousser les 13 divisions allemandes. Le 10, le général Fayolle, commandant le groupe français d'armées de réserve, décide de passer à l'action. Le lendemain, 5 divisions françaises, soutenues par 163 chars d'assaut et une puissante aviation, contre-attaquent avec fougue. Le coup est si violent que Ludendorff ordonne à ses divisions maintenues en réserve d'appuyer au plus vite les troupes de première ligne. Les nombreux chars français Renault FT17, Saint-Chamond et Schneider refoulent partout les Allemands. L'infanterie française fait de nombreux prisonniers.

Du 27 mai au 14 juin 1918, Ludendorff a perdu 400 000 soldats contre l'armée française et, pour maintenir le nombre de ses bataillons, a dû en réduire l'effectif aux environs de 600 soldats sur les 1200 initiaux. Il a hâte de revenir à son objectif initial d'écraser définitivement l'armée britannique dans les Flandres. Mais il juge les réserves françaises insuffisamment consommées et décide de lancer une ultime offensive en Champagne avec 39 divisions. En face, 30 divisions françaises, 6 divisions américaines et 2 divisions italiennes s'apprêtent à riposter au plus vite. Pour éviter la déconvenue du Chemin-des-Dames du 27 mai, le général Pétain ordonne l'abandon temporaire de la première ligne de défense, réduite à de simples avant-postes, et exige une résistance à outrance sur la seconde position. L'artillerie allemande doit ainsi gaspiller ses munitions sur des positions dégarnies de troupes.

Le 15 juillet 1918, à 5 heures 30, après quatre heures de bombardement, les divisions allemandes passent à l'assaut et découvrent les tranchées françaises de première ligne vides de tout occupant. La seconde position françaises, intacte, oppose une résistance farouche qui décime les assaillants. Des combats acharnés se livrent notamment à Perthes. Les troupes françaises, américaines et italiennes contre-attaquent et repoussent avec succès l'armée allemande. Neuf nouvelles divisions françaises, conduites en partie par l'ardent général Gouraud, balayent les dernières troupes allemandes. L'offensive allemande est définitivement repoussée. Ludendorff a perdu l'initiative des opérations.

Le 18 juillet 1918, véritable tournant de la guerre sur le front occidental, 19 divisions françaises, 6 divisions américaines et 2 divisions italiennes, appuyées 492 chars français, dont 250 excellents Renault FT17, 3000 pièces d'artillerie et 850 avions, contre-attaquent entre l'Aisne et la Marne.

Couvertes par les forêts de Villers-Cotterêts et de Compiègne, les troupes alliées débouchent, à 4 heures 35, quasiment sans préparation d'artillerie, afin de surprendre l'ennemi. Fantassins alliés et chars français progressent rapidement et enfoncent le centre allemand entre Dammard, Villers-Hélon et Vierzy. L'armée française capture lors de cette unique journée 10 000 prisonniers allemands. Le soir même, l'avance dépasse 10 kilomètres. Elle se poursuit le lendemain et le surlendemain. Les Allemands abandonnent Château-Thierry le 21. Par une brillante action, le 67e régiment français d'infanterie chasse le 79e régiment prussien d'infanterie du village de Villemontaine, le 25.

Plus au sud, les Alliés arrivent sur Fère-en-Tardenois et Ville-en-Tardenois. Dans la nuit du 27 au 28, l'armée allemande s'éloigne de cette Marne qui, pour la seconde fois, lui est funeste. Le 2 août, des soldats français de la 11e division d'infanterie pénètrent dans Soissons. Les soldats des généraux français Mangin, Degoutte et Berthelot bordent l'Aisne, puis la Vesle, de Braine à Reims.

La victoire française est totale. Les troupes françaises ont capturé 35 000 prisonniers allemands, 700 canons et libéré 200 villages. L'action massive des chars français Renault FT17 a été décisive dans la défaite allemande. Une soixantaine de divisions françaises ont été engagées lors de ces opérations, ainsi que 6 divisions américaines, 2 divisions britanniques et 2 divisions italiennes. Une fois de plus, comme on peut le constater par les chiffres, l'armée française a joué un rôle essentiel dans cette victoire décisive. L'apport américain, malgré la vaillance de ses soldats, est resté limité.

Pour la perte de 558 000 soldats (tués, blessés, disparus et prisonniers) de son côté, l'armée française a mis hors de combat 856 000 soldats allemands de mars à juillet 1918. En mai 1918, on comptait 204 divisions allemandes sur le front français, contre 180 divisions alliées, dont 110 divisions françaises. Le 6 août 1918, Foch est fait maréchal de France.

Assez curieusement, l'historiographie américaine attribue la seconde victoire de la Marne de juillet 1918 à l'engagement massif des troupes américaines. Or seulement 6 divisions américaines ont participé à cette bataille. Il faut attendre le 10 août 1918, pour que la 1ère armée américaine, du général Pershing, soit constituée avec 16 divisions, dont 8 seulement ayant l'expérience du combat. La 1ère armée américaine se voit attribuer, le 26 août, le secteur de Saint-Mihiel, représentant 50 kilomètres de front. En août 1918, avec 110 divisions en ligne, l'armée française tient 600 kilomètres des 850 kilomètres du front occidental. Nous sommes loin d'une armée française au bord du gouffre, sauvée in-extremis par l'allié américain.

Or le site Wikipédia donne dans la propagande américaine la plus délirante. On peut notamment y lire : « L'arrivée de l'American Expeditionnary Force sur le terrain fut l'une des clés de la victoire de la Triple-Entente. » On y apprend notamment que l'Amérique mobilise environ 4 millions d'hommes, mais il convient de relativiser ce chiffre lorsque qu'on sait que le nombre réel de soldats américains présents en France repose sur 1 800 000 hommes, dont seulement 400 000 vont être réellement engagés en première ligne. Sur ses 400 000 soldats, seulement 200 000 ont l'expérience du combat en août 1918 !

La seconde victoire française de la Marne de 1918 est le véritable tournant de la guerre sur le front occidental. En effet, l'armée allemande perd désormais l'initiative des opérations et doit désormais se limiter à une posture exclusivement défensive. L'utilisation massive du révolutionnaire char français Renault FT-17 joue un rôle déterminant dans la défaite allemande, bien plus que les 6 divisions américaines engagées.

Sous l'impulsion du colonel, futur général, Jean-Baptiste Estienne qui a depuis 1915, et parallèlement au colonel britannique Swinton, défendu puis fait admettre l'utilité du char d'assaut, l'industrie française met au point, dans un premier temps, deux types de blindés : le Schneider et le Saint-Chamond, tous deux armés d'un canon de 75 mm en caisse et non en tourelle, plus deux mitrailleuses pour le premier et quatre pour le second.

Le Schneider pèse 13,5 tonnes et comprend un équipage de 7 hommes. Il peut atteindre la vitesse de 8 km/h. Une poutrelle destinée à casser les fils barbelés lui fait octroyer le surnom de « corne de rhinocéros ». Son confrère, le Saint-Chamond pèse plus lourd : 23 tonnes, mais atteint la même vitesse avec un équipage de 9 hommes.

La France sort ses propres chars dans le courant du mois de septembre 1916, lorsque les tanks britanniques font leur apparition sur le front occidental.

Commandé par Louis Renault et conçu en partie par le colonel Estienne, le char léger Renault FT17 devient le char le plus remarquable de la Première Guerre mondiale, dont la conception extrêmement moderne, avec sa tourelle pivotante, a inspiré tous les chars suivants. Il est l'ancêtre du char de combat moderne, dont sont issus les chars de la Seconde Guerre mondiale jusqu'à nos jours.

Le char Renault FT17 est remarquable sur plus d'un point, Louis Renault et le colonel Estienne ont fait œuvre de précurseurs du blindé moderne. Placé à l'arrière, le moteur de quatre cylindres Renault donne une vitesse de 9 km/h, satisfaisante pour un engin de 6,7 tonnes doté d'une autonomie de 40 kilomètres. Le blindage de 22 mm est plus épais que tous les autres chars de l'époque, même les plus lourds (15 mm en moyenne). Deux hommes d'équipage suffisent, un tireur commandant de char et un conducteur. La tourelle, entièrement mobile sur son axe, peut recevoir un canon de 37 mm ou une mitrailleuse de 8 mm.

Ce type de char est engagé pour la première fois le 31 mai 1918. Il joue un rôle considérable lors des victorieuses contre-offensives et offensives alliées de l'été et de l'automne 1918. Les Renault sont groupés en bataillons de 63 chars articulés en trois compagnies de 21 chars. À la fin de 1918, la France a fabriqué 3 177 chars Renault, dont 440 ont été détruits au combat.

Le général allemand von Boehn, commandant de la 7e armée allemande de mai à juillet 1918, écrit : « Bien plus que l'engagement ponctuel de quelques divisions américaines, le char français Renault FT-17 fut l'une des causes principales de notre défaite de 1918. Notre courageuse infanterie, non soutenue par une artillerie n'ayant pu suivre à temps sa rapide progression, se heurta aux tanks français qui semèrent la panique dans nos rangs. D'autant plus que l'infanterie française, toujours aussi mordante, soutenait avec une grande efficacité les monstres chenillés d'acier, équipés chacun d'une révolutionnaire tourelle pivotante. Ce fut le choc terrible de la chair contre l'acier. Le moral de nos soldats tomba au plus bas. De plus, le commandement français s'était parfaitement adapté au rythme nouveau de la guerre en terrain libre, après les épuisants combats dans les tranchées. L'infanterie française, appuyée par les tanks Renault, devenait invincible contre notre infanterie dépourvue de blindés. Désormais, après la victoire française sur la Marne de juillet 1918, seulement 63 de nos 204 divisions présentes sur le front occidental étaient aptes à conduire une bataille dans de bonnes conditions. Entre mai et septembre 1918, nos divisions passèrent de 204 à 185, dont seulement 63 avec des effectifs complets. La classe 1919 était déjà engagée et les gamins de dix-huit ans de la classe 1920 reçurent leur ordre d'appel, dans une Allemagne où le moral des populations, soumises à des privations de plus en plus draconiennes, était sévèrement atteint. »[2]

---

[2] *Archives militaires allemandes*, Fribourg-en-Brisgau.

3

LES COMBATS LIMITES DE L'ARMÉE AMÉRICAINE ET LES DERNIÈRES OFFENSIVES ALLIÉES SUR LE FRONT OCCIDENTAL

Le 1er août 1918, les troupes américaines du général Pershing reposent en théorie sur 1 300 000 hommes et sur les 27 divisions présentent sur le papier, 6 seulement ont pris part aux combats sur la Marne de juillet 1918, soit 150 000 hommes. Ainsi, si 150 000 soldats américains participent avec courage à cette bataille décisive, 1 100 000 soldats français y sont également engagés. Deux chiffres qui remettent à sa juste place l'aide américaine soi-disant « déterminante »...

Pour la première fois, le 4 juillet 1918, un corps d'armée américain prend en charge un secteur du front occidental, à l'ouest de Château-Thierry, où il relève le 3e corps français. Le 10 août, la 1ère armée américaine est enfin constituée avec 16 divisions d'infanteries (400 000 hommes), dont seulement 8 divisions ayant l'expérience du combat (200 000 hommes). Au même moment,

2 600 000 soldats français et 1 700 000 soldats britanniques sont engagés sur le front occidental.

Auparavant, d'avril à juin 1918, plusieurs unités américaines luttent en première ligne. Le 20 avril 1918, la 26e division américaine livre un combat défensif à Seicheprey, dans le département de Meurthe-et-Moselle. Après un déluge d'artillerie sur la position américaine, l'infanterie allemande passe à l'assaut. Le combat se termine par la déroute des troupes américaines, qui déplorent 650 tués ou blessés et 160 prisonniers, tandis que les Allemands comptent 150 tués ou blessés. La percée allemande ne peut être exploitée du fait d'une contre-attaque franco-américaine.

L'armée américaine tient à redorer son drapeau après s'être fait surprendre à Seicheprey. Elle participe activement au combat de Cantigny, le 28 mai 1918. À 6 heures 45, le 28e régiment d'infanterie du colonel Hansey Ely (4000 hommes), de la 1ère division d'infanterie américaine, parvient à s'emparer du village de Cantigny, tenu jusqu'alors par un bataillon (600 hommes) de la 18e armée allemande. Les Français participent activement à l'opération, en fournissant une couverture aérienne, l'appui de 368 pièces d'artillerie lourde. De plus, la progression de l'infanterie américaine est grandement facilitée par 12 chars français Schneider du 5e bataillon. Cette victoire franco-américaine se termine par une progression d'un peu moins de deux kilomètres. Deux contre-attaques allemandes sont repoussées durant la même journée. Le régiment américain parvient à tenir sa position au prix de pertes considérables, 1067 tués ou blessés. Les soldats américains font 225 prisonniers, dont cinq officiers, et s'emparent de 16 mitrailleuses, deux mortiers et 500 fusils.

Du 5 au 26 juin 1918, la 4e brigade des marines et le 23e régiment d'infanterie, deux unités de la 2e division américaine (26 665 hommes), livrent un héroïque combat au bois Belleau contre plusieurs régiments allemands. Durant les deux premiers jours, les soldats américains attaquent avec fougue, réduisent les points de résistance du bois Belleau, font 500 prisonniers, s'emparent de 35 mitrailleuses. Soumis ensuite, durant dix jours, à de violentes contre-attaques, ils résistent et parviennent le 25 juin à chasser les derniers Allemands qui se cramponnent au nord du bois. Ils capturent encore 300 soldats ennemis et, dans la foulée, s'emparent du village de Bouresche. La 2e division est relevée le 6 juillet par la 26e division américaine.

Ce combat du bois Belleau est considéré comme le premier engagement majeur et l'événement fondateur de la réputation des marines. Lors de cette opérations, la 2e division américaine déplore 1811 tués, 7966 blessés et capture 1 600 soldats allemands.

Récemment un film américain a rendu hommage à ses boys durant cet affrontement, tout en soulignant une prétendue pleutrerie des Alliés français attaquant plus à l'ouest, et présentés comme « prudents et peu offensifs » ! Ce film de propagande francophobe a été diffusé en France sous forme de DVD ! Il est vrai que les

« pleutres mangeurs de grenouilles » déplorent de mars à novembre 1918 un total de 964 000 soldats tués ou blessés : preuve indéniable d'un manque de combattivité de l'armée française...

Le 18 juillet 1918, 3 divisions américaines participent à la bataille de Château-Thierry, livré principalement par 27 divisions françaises de la 10e armée du général Mangin et de la 6e armée du général Degoutte, avec l'engagement de 492 chars et 850 avions français. Les Allemands, qui alignent 20 divisions, sont rapidement bousculés, et les divisions françaises et américaines progressent au maximum de 50 kilomètres.

La bataille de Saint-Mihiel, du 12 au 15 septembre 1918, est marquée par l'engagement de 11 divisions américaines et de 4 divisions françaises, opposées à 13 divisions allemandes. En tout 216 000 soldats américains et 48 000 Français en première ligne sont soutenus par 3000 pièces d'artillerie, dont la moitié servie par des Français, et 270 chars Renault FT-17, dont 115 avec leurs équipages français. L'appui massif de 1 500 avions, principalement français, fait de cette bataille l'une des grandes concentrations aériennes de la guerre 14-18. Cette offensive, qui surprend les Allemands en pleine retraite vers une seconde position plus en arrière, remporte aussitôt un succès complet, marqué par une progression d'une trentaine de kilomètres : 16 000 soldats allemands sont capturés avec 400 canons. Les pertes franco-américaines ne dépassent pas 7000 tués ou blessés.

Montée en épingle par la propagande américaine comme un combat décisif de cette guerre, la bataille de Saint-Mihiel est pourtant une offensive mineure, frappant des troupes allemandes en pleine retraite. Elle permet en plus au général allemand Ludendorff de raccourcir son front de plusieurs kilomètres sur des positions fortifiées.

L'offensive Meuse-Argonne, du 26 septembre au 11 novembre 1918, est marquée par l'engagement de 16 divisions américaines (400 000 hommes) de la 1ère armée du général Pershing, de 37 divisions françaises (740 000 hommes) de la 4e armée général Gouraud et de la 2e armée du général Hirschauer. En outre, 705 chars de fabrication française participent à cette vaste opération, sur un front d'environ 70 kilomètres. En face, les forces allemandes des 3e et 4e armées reposent sur 40 divisions (600 000 hommes), tenant trois lignes de défenses fortifiées sur un terrain difficile.

« La première position est aisément enlevée, écrit le général J.E. Valluy, mais la résistance allemande devient rapidement opiniâtre. Le 27, Pershing, reportant ses efforts en terrain découvert entre l'Argonne et la Meuse, parvient avec des lourdes pertes à s'emparer de l'observatoire de Montfaucon. De leur côté, les troupes de Gouraud, après avoir enlevé Navarin et Tahure, Le Mesnil et la Main de Massiges, abordent Sommepy après une progression de 6 kilomètres. Le 30, leur action est appuyée par celle de la 5e armée française sur le canal de l'Aisne à la Vesle. Mais, à cette date, les troupes américaines sont pratiquement bloquées. En face d'elles, il n'y a pourtant que des forces très inférieures – des compagnies de 30 ou 40 hommes épuisés, mais sachant et voulant se battre. Aussi les formations compactes de fantassins américains sont-elles massacrées par quelques mitrailleuses... À l'arrière, la situation n'est guère plus brillante, car l'état-major de Pershing se révèle incapable « d'alimenter » une telle bataille, et dans l'Argonne les embouteillages sont inextricables. Après avoir réussi sa répétition de Saint-Mihiel, l'armée américaine vient de manquer sa « première » sur la Meuse. Pour l'appuyer, un groupement franco-américain, aux ordres du général Hirschauter, commandant de la 2e armée française, est chargé de la conquête de l'Argonne. Le 4 octobre, l'offensive est reprise par Pershing, qui a étendu sa zone d'action jusqu'à la rive droite de la Meuse, alors tenue par le 17e corps français du général Claudel. Après une semaine de combats encore très rudes, les Franco-Américains parviendront, le 12, au contact de la position allemande « Brunhilde-Kriemhild », de Rethel à Brieulles-sur-Meuse. »[3]

Du 14 au 28 octobre 1918, l'offensive Meuse-Argonne se poursuit. Des renforts allemands ralentissent la progression difficile des troupes françaises et américaines, qui percent cependant la troisième et dernière ligne de défense. Du 29 octobre

---

[3] Général J.E Valluy, avec la collaboration de Pierre Dufourcq, *La Première Guerre mondiale*, éditions Larousse 1977.

au 11 novembre 1918, la résistance allemande s'effondre, les forces franco-américaines progressent dans la vallée de la Meuse en direction de Sedan qui tombe le 6 novembre. L'offensive prend fin à la signature de l'armistice le 11 novembre 1918.

L'offensive Meuse-Argonne, marquée par une progression de près de 70 kilomètres dans les lignes allemandes, est un succès pour les Alliés, mais son prix est élevé pour les troupes américaines, souvent peu expérimentées, avec 26 277 tués et 98 000 blessés, tandis que les Allemands déplorent 28 000 tués, le double de blessés et 18 000 prisonniers, dont 10 000 capturés par les divisions françaises plus chevronnées et qui comptent des pertes nettement moins lourdes avec 30 000 soldats hors de combat (tués ou blessés). Le général américain Pershing, peu soucieux de la vie de ses soldats, les engage dans des assauts suicidaires contre de nids de mitrailleuses, alors que le fantassins français, mieux commandés par les généraux Gouraud et Hirschauer, manœuvrent avec une plus grande habileté, fruit de l'expérience de plusieurs années de guerre. Sur les 16 divisions américaines engagées, 8 seulement ont déjà combattu.

Du 26 septembre au 11 novembre 1918, des Flandres belges à la Lorraine, 8 armées françaises, 5 armées britanniques, 1 armée belge, 1 armée américaine, ont progressé en moyenne de 70 à 200 de kilomètres dans les lignes allemandes. Mais ces succès ne peuvent éclipser l'apport capital de l'armée italienne sur son front des Alpes, marqué par l'écroulement de 63 divisions austro-hongroises, privant l'Allemagne de son plus précieux allié dans la poursuite de la guerre, une des causes principales de la demande allemande d'armistice, bien davantage que le mythe « du sauveur américain ». Cette éclatante victoire italienne, injustement méconnue du grand public, mérite que l'on s'y attarde dans le chapitre suivant. Les retombées tactiques et stratégiques ont été considérables et déterminantes dans la fin rapide du conflit.

4

L'APPORT CAPITAL ET MÉCONNU DE L'ARMÉE ITALIENNE

L'armée italienne est la grande oubliée de la victoire des Alliés en 1918. On ignore souvent son rôle pourtant capital durant la Première Guerre mondiale. En fixant sur un front alpin une soixantaine de divisions austro-hongroises, elle a apporté une contribution décisive à la fin du conflit. Or, depuis une centaine d'années, médias et « historiens » portent toutes leurs attentions sur l'apport militaire américain soi-disant décisif, tout en méprisant celui pourtant réel et considérable de l'Italie.

Les soldats italiens, victimes de l'italophobie pathologique de l'historiographie anglo-américaine, sont souvent présentés comme de médiocres combattants, de vulgaires militaires d'opérette. Cette condescendance affichée par certains auteurs à l'encontre des soldats italiens remonte à la fin du 19e siècle, avec les apologistes anglo-américains et allemands du racisme « scientifique », qui considèrent les populations du sud de l'Europe comme sous-développées, aimant parler, dormir et prendre du bon temps, mais pas souffrir, travailler et défendre leur pays.

Caricaturés et méprisés, les soldats italiens n'ont pourtant pas démérité, en luttant même héroïquement, de mai 1915 à novembre 1918, sur le front le plus terrible et le plus difficile de la Première Guerre mondiale, contre des positions montagneuses, très favorables à la défense des troupes austro-hongroises. Soutenus par une faible artillerie, les soldats italiens lancent de nombreuses offensives pour conquérir des sommets, dont certains culminent à 3500 mètres d'altitude !

L'armée italienne aligne des troupes d'élite comme les *alpini* (chasseurs alpins), corps de montagne particulièrement bien entrainé, et les *bersaglieri* (tirailleurs), renommés pour leur endurance et la promptitude de leurs mouvements lors des assauts à la baïonnette : 52 bataillons d'alpini et 67 de bersaglieri sont disponibles au début de la guerre. L'adversaire dispose également de troupes d'élite, comme les chasseurs impériaux tyroliens, les chasseurs de montagne et les tirailleurs hongrois, renforcés par les chasseurs bavarois.

« Les alpini (chasseurs alpins italiens) ont été, parmi les troupes spécialisées déployées sur tous les fronts, les plus courageux, les plus tenaces », écrit Rudyard Kipling.[4] Ces qualités

---

[4] *Archives militaires italiennes*, Rome.

ne s'illustrent pas seulement par des coups d'éclat, comme la prise de certains sommets de nuit à plus de 2000 mètres d'altitude, mais également par des tours de force logistique, comme la mise en batterie à la force des bras et à plus de 3000 mètres d'un canon de 149 mm, pesant 9 tonnes, sans compter les munitions. Sur les glaciers, sous un froid quasi polaire et plusieurs mètres de neige, cette guerre méconnue du grand public cause des pertes considérables, liées non seulement aux conditions climatiques et topographiques extrêmes, mais à l'esprit offensif des troupes italiennes, contre des positions jugées imprenables par tous les experts militaires de l'époque, sans oublier la puissance meurtrière de l'armement moderne, avec ses mitrailleuses et ses canons de gros calibres, équipant en quantité l'adversaire austro-hongrois.

Sur les massifs du Marmolada et de l'Adamello, à plus de 3000 mètres d'altitude, une lutte féroce se déroule sur les glaciers : les conditions hivernales sont épouvantables, les températures descendent par endroits à –42°! Les troupes italiennes creusent des couloirs dans la glace pour conquérir les positions autrichiennes les plus escarpées. Le prix à payer par les alpini italiens est effarant lors de cette lutte en haute-montagne : plus de 50% des pertes. Sur plus de 240 000 recrues des bataillons d'alpini, on recense 133 851 soldats hors de combat au total (tués, blessés, disparus) ! Les pertes autrichiennes sont aussi importantes.

En novembre 1915, dans les cirques montagneux de Plezzo et Tolmino, à plus de 1500 mètres d'altitude, les tentatives italiennes pour déboucher du col du mont Nero sont extrêmement couteuses en vies humaines. La brigade Valtelini perd 800 hommes (tués ou blessés) en quelques minutes ! Les Italiens, fouettés par un vent glacial et une neige abondante, accomplissent des prouesses stupéfiantes sur le pentes des monts Janvrcek, Mzrli et Vodil, après de sanglantes mêlées. La température tombe à −15°. Le froid et les violentes tempêtes de neige causent les premières gelures graves parmi les Italiens, luttant dans des conditions effroyables.

Une lutte terrible se concentre autour d'Olsavia. Le feu infernal de l'artillerie autrichienne coute à la brigade italienne des Grenadiers 3200 hommes tués ou blessés en un quart d'heure sur les 6000 soldats qu'elle comptait au début ! Le général Montuori, commandant la brigade, est gravement blessé par un éclat d'obus, mais il refuse d'être évacué. L'héroïque brigade Sassari, l'unité italienne la plus décorée de la Grande Guerre, enlève trois tranchées successives sur le Carso et capture 2000 soldats ennemis, tout en déplorant dans ses rangs 1600 soldats hors de combat (tués ou blessés).

Avec ses onze offensives, la bataille de l'Isonzo (1915-1917) totalise 800 000 soldats italiens et 600 000 soldats austro-hongrois tués, disparus et blessés, soit 1 400 000 militaires hors de combat ! C'est plus que la bataille de Verdun en 1916-1917 (843 000 soldats français et allemands hors de combat), également plus que la bataille de la Somme en 1916 (1 200 000 soldats allemands, britanniques et français hors de combat). Toujours sur le front italien, la bataille du Trentin-Ortigara (1916-1917) se termine par la mise hors de combat (tués ou blessés) de 292 000 soldats italiens et austro-hongrois. Les deux dernières offensives de l'Isonzo de l'été 1917 tuent ou blessent 521 600 soldats italiens et austro-hongrois ! C'est bien davantage que la bataille de Normandie de l'été 1944 avec ses 466 000 militaires alliés et allemands tués, disparus ou blessés. La bataille de Caporetto, d'octobre- novembre 1917, cause également des pertes considérables : 290 000 soldats italiens, austro-hongrois et allemands hors de combat !

Le front italien prend une importance tactique et stratégique de plus en plus importante pour les Alliés, en fixant une vingtaine de divisions austro-hongroises en 1915, une quarantaine en 1916, une cinquantaine en 1917 et une soixantaine en 1918. Autant de troupes ennemies qui ne peuvent intervenir sur le front français aux côtés des Allemands. La défection de la Russie en mars 1918 ne fait qu'accroître davantage l'importance du front italien au bénéfice des Alliés, qui devient le second en effectifs engagés en Europe.

Le maréchal français Foch écrit que « sur le Carso, l'armée italienne a tenu pendant deux ans dans des conditions physiques et morales si dures, que peut-être aucune autre armée au monde n'y aurait résisté ».[5] Le général autrichien Kraus écrit à propos de la troisième offensive de l'Isonzo : « Dans le secteur d'un bataillon, les Italiens sont revenus sept fois à l'assaut et ont laissé 800 cadavres, preuve de l'énergie de leur attaque. »[6] Le général autrichien von Pitreich relève la fureur de l'élan italien après la conquête de Gorizia : « Avec une obstination qu'il faut reconnaître, les Italiens ont poursuivi leurs tentatives pour s'ouvrir de force la route de Trieste. Jour et nuit, en particulier sur le plateau du Carso, se sont livrés de furieux combats au corps à corps. Les attaques italiennes en masse étaient conduites avec une ardeur absolument insensée. »[7]

L'archiduc Joseph, commandant le 7e corps d'armée autrichien, tient le même langage : « Les Italiens font suivre les assauts sans interruption : nous ne réussissons à les contenir qu'au prix de pertes énormes... Ils viennent à l'attaque en masse compactes et subissent des pertes indescriptibles, mais continuent jusqu'à l'épuisement. » Son admiration pour ses adversaires ne fait que grandir, à mesure que la guerre se prolonge : « De toute mon âme, écrit-il en novembre 1915, je dois exprimer mon admiration pour les Italiens. Je n'avais jamais vu une semblable ténacité dans

---

[5] *Archives militaires françaises*, Vincennes.

[6] *Archives militaires autrichiennes*, Vienne.

[7] *Archives militaires autrichiennes*, Vienne.

des attaques aussi meurtrières. » Et en septembre 1916 : « Impartialement, nous devons noter comme dignes d'admiration la grande hardiesse et l'élan des Italiens. Un courage merveilleux dont on doit, même chez un ennemi, se souvenir avec le plus profond respect. »[8]

Le général autrichien Boroevitch, commandant de la 5e armée austro-hongroise engagée sur l'Isonzo, témoigne ainsi : « Les troupes italiennes ont combattu avec une bravoure extraordinaire. Avec un esprit offensif téméraire, elles ont enlevé plusieurs de nos positions montagneuses, malgré l'immense difficulté du terrain, les pires conditions climatiques et la puissance de notre armement. Nos vaillants soldats ont plusieurs fois reculé devant la fougue des bersaglieri (tirailleurs), des alpini et des fantassins italiens. C'est pour le soldat austro-hongrois un grand titre de gloire que d'avoir pris part à la bataille de l'Isonzo, dont les combats ont été aussi terribles qu'à Verdun et sur la Somme sur le front français. »[9]

De son côté, le général allemand Ludendorff rend hommage « à la tenace résistance italienne qui souvent doit être brisée par de terribles corps à corps. J'exprime mon admiration pour les soldats italiens qui, en octobre 1917, attaqués par les meilleures troupes

---

[8] *Archives militaires autrichiennes*, Vienne.

[9] *Archives militaires autrichiennes*, Vienne.

austro-hongroises, renforcées par d'excellentes divisions allemandes, résistent avec héroïsme et parviennent à se rétablir sur le fleuve du Piave en novembre 1917, malgré notre supériorité numérique de deux à trois contre un. » Il écrit également : « La onzième offensive de l'Isonzo avait été riche de succès pour l'armée italienne. Les armées autrichiennes avaient courageusement résisté, mais leurs pertes sur les hauteurs du Carso et de la Bainsizza avaient été si considérables, leur moral tellement ébranlé, que les autorités politiques et militaires de l'Autriche-Hongrie en étaient venues à la conviction que leurs armées ne pourraient pas continuer la lutte et soutenir un douzième choc de l'Italie. L'une des causes principales de notre défaite fut la déficience de l'Autriche-Hongrie, que l'Italie serrait à la gorge de plus en plus fort. Si l'Autriche-Hongrie avait pu rendre disponible une partie de ses divisions et les envoyer sur le front français, la guerre aurait était gagnée par les Empires centraux, qui n'auraient pas craint les renforts américains. »[10]

L'armée italienne doit combattre dans des conditions topographiques défavorables à l'offensive, le long d'un front de 600 kilomètres, constitué de montagnes propices aux défenses ennemies et qu'il faut aborder de front. Cette guerre nécessite, dans les deux camps, un effort surhumain pour triompher des difficultés climatiques et établir des positions atteignant parfois 3500 mètres

---

[10] *Archives militaires allemandes*, Fribourg-en-Brisgau.

d'altitude, les ravitailler par des galeries creusées dans la glace, des sentiers escarpés, des téléphériques, les disputer par des assauts acrobatiques.

En juin 1918, les troupes italiennes, commandées par le général Diaz, repoussent une puissante offensive austro-hongroise sur le Piave et dans le Trentin, qui se termine par la mise hors de combat de 85 000 soldats italiens (tués ou blessés) et de 180 000 soldats ennemis. Après ce succès défensif, l'armée italienne, reconstituée et bien commandée, se trouve en mesure de passer à son tour à l'offensive.

Le plan offensif italien du général Diaz envisage d'attaquer aussi bien dans le secteur montagneux du Trentin que sur le Piave, avec un effort particulier sur le mont Grappa, afin de déborder les positions adverses se trouvant sur le Piave. Il s'agit en bref de couper en deux l'ensemble des troupes austro-hongroises sur un front d'attaque de 300 kilomètres.

A la veille de cette bataille, les forces en présence s'équilibrent, avec 57 divisions alliées (704 bataillons), dont 51 divisions italiennes, 4 divisions britanniques et 2 divisions françaises, 7700 pièces d'artillerie et 1754 mortiers de tranchée. En face, l'armée austro-hongroise aligne 63 divisions (724 bataillons), 6030 canons et environ un millier de mortiers de tranchée.

Dans les jours qui précédent l'offensive, divers incidents ont lieu à l'arrière de l'armée austro-hongroise. Le 22 octobre

1918, deux régiments croates refusent de relever en ligne une brigade également croate, mais ils sont rapidement ramenés à l'obéissance. Le 24, deux compagnies bosniaques, qui ont reçu l'ordre de s'approcher du front, déclarent qu'elles ne veulent plus combattre. Mais, sauf incidents sporadiques, la grande masse de l'armée austro-hongroise se maintient compacte, prête à obéir à ses chefs, de sorte que l'offensive italienne est attendue avec fermeté et confiance.

De son côté, l'armée italienne, fière de son succès défensif sur le Piave, connaît un extraordinaire renouveau : des sections d'assaut, les arditi, sont créées dans chaque régiment et l'instruction est orientée résolument vers le combat offensif. Le nouveau chef de l'armée italienne, le général Armando Diaz, est un napolitain plus froid qu'exubérant, artilleur renommé. Il fait remarquablement face aux Autrichiens sur le Piave en 1917 et 1918. Simple d'allure, calme et circonspect, jugé excellent tacticien par Foch, il sait guetter avec patience l'heure de la victoire. Son adversaire autrichien, l'archiduc Joseph remplace depuis le 15 juillet 1918 le maréchal Conrad sur le front italien. Déterminé, il lance l'ordre suivant à ses troupes : « La situation générale donne à penser que l'ennemi tentera d'obtenir des succès même sur le front italien. Il doit nous trouver absolument prêts à le repousser à tout prix et devra se convaincre que son entreprise sera inutile et sanglante, comme ce fut le cas sur le Carso. »[11]

L'offensive italienne, repoussée de quelques jours à cause d'une crue soudaine du Piave, débute le matin du 24 octobre 1918, jour anniversaire du début de la bataille de Caporetto. Avant l'aube, l'artillerie italienne ouvre le feu du Trentin à la mer adriatique. Vers 7 heures, l'infanterie italienne sort des tranchées. Le temps semble peu favorable : toutes les positions sont enveloppées d'un épais brouillard, accompagné de pluie et de neiges fondues.

Dans le secteur du Trentin, les sommets culminent à près de 2000 mètres d'altitude, offrant ainsi aux troupes austro-hongroises une solide position défensive. Dès les premiers assauts des troupes italiennes, la résistance de l'ennemi se révèle partout d'un extrême acharnement. Cependant, les Italiens attaquent avec fougue. La brigade Bari occupe d'un seul élan le mont Asolone et la brigade Basilicate pousse jusqu'aux premiers contreforts du col Caprile. L'adversaire déclenche alors le feu d'innombrables mitrailleuses, et passant à la contre-attaque, parvient à empêcher la brigade Basilicate de pénétrer dans ses lignes et contraint la brigade Bari à abandonner l'Asolone.

Au centre, la brigade Pesaro enlève le mont Pertica, tandis que la brigade Cremone occupe le versant centre entre le Pertica et

---

[11] *Archives militaires autrichiennes*, Vienne.

le Prassolan. La 23e section d'assaut des arditi s'empare de la cote 1484 du mont Prassolan, mais l'ennemi empêche l'arrivée de renforts italiens par le tir très nourri de son artillerie et dévoile à chaque instant des nids meurtriers de mitrailleuses, obligeant les troupes italiennes à reculer en divers endroits. La brigade Aoste, à la faveur d'une manœuvre foudroyante, s'empare du mont Valderoa et le dépasse en capturant 400 prisonniers. La brigade Udine progresse sur les pentes du Spinoncia.

Sur les plateaux, les vigoureuses poussées italiennes et franco-britanniques tentent d'empêcher l'ennemi de déplacer ses forces vers le mont Grappa. Le 126e régiment d'infanterie français s'empare du mont Sisemol et fait 800 prisonniers autrichiens, tandis qu'un bataillon anglais en capture 200 dans le secteur d'Asiago.

Sur le Piave, des troupes de la 10e armée italienne, dans la nuit du 23 au 24 octobre, occupent par surprise la partie nord de la Grave di Padadopoli, dépassant ainsi l'endroit où le courant est le plus impétueux, ce qui facilite le passage du fleuve, fixé au 24.

Le matin du 25, après une nouvelle préparation d'artillerie, la 9e section d'assaut des arditi, en pointe de la brigade Bari, se jette sur les tranchées de l'Asolone dans le Trentin avec son impétuosité coutumière. Victorieuse, elle s'élance ensuite vers le col della Berretta, tombe en trombe dans les tranchées de l'ennemi et capture 600 prisonniers autrichiens. Après 5 heures de lutte très dure, la 18e section d'assaut de la brigade Pesaro conquiert le mont Pertica et repousse toutes les contre-attaques adverses. À droite, la brigade Bologne s'empare du mont Forcelletta.

Le 26, la lutte se rallume avec une violence renouvelée dans le Trentin. La division d'élite autrichienne Edelweiss du Tyrol arrive en renfort et contraint la brigade Forli à se replier avec des pertes importantes. Le 18e bataillon d'assaut de la brigade Pesaro s'efforce en vain d'arracher à l'ennemi la forte position d'Osteria del Forcelletto.

Le 27, une lutte féroce s'engage sur le mont Pertica : attaques et contre-attaques se succèdent dans les deux camps. Les brigades Pesaro et Florence, les arditi des 18e et 20e bataillons repoussent finalement tous les assauts adverses. Le lendemain, une implacable action d'artillerie se déroule de nouveau dans le Trentin, afin de paralyser les contre-attaques autrichiennes et, le matin du 29, la brigade Calabre et trois sections d'arditi s'élancent avec succès en direction du cirque montagneux de Feltre.

Sur le Piave, la 10e armée italienne est parvenue à constituer une tête de pont de 9 kilomètres de long sur 3 kilomètres de profondeur, tout en capturant 5620 soldats autrichiens et 24 canons. Une autre tête de pont est constituée plus au nord par la 12e armée italienne, aux environs de Valdobbiadene. La 8e armée italienne rencontre par contre les pires difficultés pour jeter des ponts. La violence du courant et le tir de l'artillerie ennemie, qui des collines de San Salvatore domine tout le lit du fleuve et balaye les deux rives d'un feu violent, rendent l'opération très difficile.

Cependant, malgré les difficultés du terrain et la résistance acharnée des Autrichiens, l'armée italienne progresse un peu partout sur l'ensemble du front, aussi bien dans le Trentin que sur le Piave. Le 29 octobre, la victoire semble se dessiner. Tous les ponts sont lancés sur le Piave et toutes les troupes italiennes passent le fleuve. Les dernières contre-attaques autrichiennes sont repoussées. Le 8e corps italien occupe Susegana et pousse une colonne mobile sur Vittorio Veneto. La 10e armée italienne passe le Monticano sur un large front. Au nord, le 22e corps italien, après avoir vaincu les dernières résistances de l'ennemi, poursuit sa marche en avant. La 12e armée italienne conquiert le mont Cesen et atteint Quero.

De toutes parts l'avance italienne devient foudroyante. Le 30, le commandement autrichien ordonne la retraite générale. La 12e armée italienne s'ouvre un passage à travers le défilé de Quero, la 8e armée force le défilé de Serravalle, au nord de Vittorio Veneto. La 10e armée italienne, après avoir soutenu un combat victorieux contre l'arrière-garde ennemie à Cimetta, atteint Livenza. La 3e armée italienne entre également en action à San Dona.

Le 31 octobre marque l'écroulement de l'armée austro-hongroise. Les bataillons d'alpini Exilles et Pieve di Cadore entre à Feltre. La progression italienne est foudroyante dans le Trentin, où tout le plateau d'Asiago est conquis. Les armées italiennes du Piave avancent avec une égale rapidité. Les colonnes de cavalerie italienne s'enfoncent profondément à l'intérieur du dispositif autrichien.

Le 2 novembre, les Italiens bousculent toute résistance autrichienne au bord du Tagliamento, en capturant 100 000 soldats ennemis démoralisés et 2200 canons. Le 3, le général Diaz lance la proclamation suivante : « Le reste de cette armée, qui fut l'une des plus puissantes armées du monde, remonte en désordre et sans espoir les vallées qu'elle avait enlevées avec tant d'orgueilleuse assurance. »[12] Les troupes italiennes et alliées progressent de 150 kilomètres en seulement quatre jours ! La ville de Trieste est conquise par un débarquement des fusiliers marins italiens et des bersaglieri (tirailleurs). Les Italiens pénètrent dans la vallée de l'Adige, tandis que des navires de guerre occupent toute la côte de l'Istrie et le port de Fiume.

L'armée italienne remporte une éclatante victoire en l'espace de quelques jours, véritable revanche de Caporetto, avec 430 000 prisonniers austro-hongrois et 6818 canons et mortiers capturés ! La bataille de Vittorio Veneto se termine avec les pertes militaires suivantes : 40 000 soldats italiens tués ou blessés et 70 000 soldats austro-hongrois. Devant la déroute sans précédent

---

[12] *Archives militaires italiennes*, Rome.

de l'armée austro-hongroise, l'empereur Charles VI demande un armistice à l'Italie, qui est conclu à Villa Guisti, non loin de Padoue, le 3 novembre 1918 et prend effet le lendemain.

Les pertes italiennes de la Première Guerre mondiale s'élèvent à 780 000 soldats tués ou disparus, tandis que sur les 1 200 000 soldats austro-hongrois morts durant la même période, 60% succombent sur le front italien.

L'annonce de la défaite autrichienne de Vittorio Veneto plonge le commandement allemand dans le plus profond désespoir. En effet, 63 divisions austro-hongroises, fixées, puis défaites sur le front italien, ne sont plus en mesure de soutenir l'Allemagne dans sa lutte contre les Alliés. Bien davantage que les 16 divisions américaines, engagées en premières ligne sur le front français durant la fin de l'été et le début de l'automne 1918, l'apport tactique et stratégique de 51 divisions italiennes joue un rôle décisif dans la victoire finale de Alliés en novembre 1918. La perte d'une soixantaine de divisions austro-hongroises, battues par l'armée italienne, précipite la décision finale de l'Allemagne de signer l'armistice le 11 novembre 1918.

Le maréchal allemand von Hindenburg écrit à ce sujet : « Beaucoup plus que l'engagement de quelques divisions américaines sur le front occidental, ce fut la défaite de notre alliée austro-hongrois contre l'Italie qui nous poussa à conclure aussi rapidement un armistice avec les Alliés. La perte d'une soixantaine de divisions austro-hongroises était pour nous un désastre irrémédiable. De plus, il nous était désormais impossible de lutter à la fois contre les Alliés sur le front occidental et d'envoyer plusieurs de nos précieuses divisions dans le Tyrol pour s'opposer à la menace d'une cinquantaine de divisions italiennes. Toute l'Allemagne du sud était désormais menacée par l'armée italienne, tandis que l'on devait en même temps contenir les offensives alliées sur le front occidental. »[13]

Cet aspect, pourtant essentiel de la fin de la guerre en novembre 1918, est très souvent ignoré par de nombreux « historiens », uniquement fascinés par le mythe du « sauveur américain ». L'élimination de 63 divisions austro-hongroises, l'apport de 51 divisions italiennes sont relayés au second plan dans la victoire finale des Alliés, au bénéfice des 16 divisions américaines engagées en première ligne, dont seulement 8 ayant l'expérience du combat. Le 11 novembre 2018, lors de la commémoration parisienne du centenaire de la victoire de 1918, le président américain s'est vu attribuer la seconde place sous l'arc de Triomphe, aux côtés de son homologue français, alors que le représentant italien s'est retrouvé à une place totalement déshonorante : une véritable honte !

---

[13] *Archives militaires allemandes*, Fribourg-en-Brisgau.

L'apport militaire italien ne se limite pas au front des Alpes, puisque 60 000 soldats italiens luttent avec héroïsme sur le front français en 1918. Il s'agit du 2e corps d'armée du général Alberico Albricci (brigades Napoli, Salerno, Brescia, Alpi) qui accuse des pertes terrifiantes avec 35 000 soldats tués ou blessés !

Le maréchal Pétain atteste que « l'armée italienne a aidé l'armée française durant la bataille de la Marne de 1918 par sa belle résistance et ses contre-attaques. Je savais que je pouvais demander beaucoup à de semblables troupes. L'Italie peut être fière du général Albricci et des troupes qui, sous son commandement, ont victorieusement combattu sur le sol de France. Lors des combats de Bligny, le 15 juillet 1918, les troupes italiennes parviennent à stopper l'offensive ennemie au prix de 16 000 soldats hors de combat, empêchant l'armée allemande de s'emparer de son objectif sur ce secteur du front, à savoir la ville d'Épernay. En effet, le 2e corps d'armée italien, luttant à un contre trois, a par sa conduite héroïque contribué à barrer aux Allemands la route d'Épernay. En septembre 1918, le même corps d'armée italien effectue une percée près de Chavonne et poursuit son avancée jusqu'à Rocroi et les rives de la Meuse ».[14]

Le général français Mangin est tout aussi admiratif : « En septembre 1918, les vaillantes troupes italiennes ont reconquis le

---

[14] *Archives militaires françaises*, Vincennes.

Chemin-des-Dames sur toute la largeur du front qui leur était assigné, et d'un seul élan atteint et même dépassé l'Ailette. Tous les soldats italiens du corps d'armée Albricci étaient des combattants d'élite, aguerris par plusieurs années de combats sur le front italien. La brigade Alpi était commandée par le colonel Peppino Garibaldi qui avait déjà combattu sur le front français en 1914-1915, à la tête de la Légion garibaldienne. »[15]

En 1918, sur le front des Balkans, l'armée italienne est la troisième contributrice en effectifs militaires alliés avec 144 000 soldats, derrière la France (210 000 soldats), la Grèce (157 000 soldats) et devant la Grande-Bretagne (138 000 soldats) et la Serbie (119 000 soldats). Elle participe activement à l'offensive de septembre 1918, amenant à la capitulation de 400 000 soldats bulgares, privant ainsi l'Allemagne et l'Autriche-Hongrie d'un précieux allié.

Il convient également de souligner que dans le ciel et sur mer, l'aviation et la marine italiennes se distinguent particulièrement. La chasse italienne remporte 763 victoires en combats aériens pour 166 avions perdus de son côté. Son grand as est le capitaine Francesco Baracca, détenteur de 34 victoires homologuées. On estime en réalité que plus de 60 avions ennemis

---

[15] *Archives militaires françaises*, Vincennes.

ont été victimes des prouesses aériennes de ce pilote de chasse hors du commun.

Le capitaine Gabriele d'Annunzio, écrivain mondialement reconnu, accomplit à plus de 50 ans une série d'exploits militaires retentissants. Il lutte avec héroïsme dans les rangs de l'infanterie sur le front de l'Isonzo, à bord d'une vedette lance-torpille sur l'Adriatique, dans la carlingue d'un aéroplane dans le ciel des Alpes. Bien que blessé à plusieurs reprises, il affronte le danger avec un total mépris de la mort. Le 9 août 1918, il effectue un vol sur Vienne de 1100 kilomètres, à la tête de son escadrille, pour lancer des milliers de tracts patriotiques. Même la presse autrichienne rend hommage à son immense courage.

La marine italienne accomplit de véritables exploits sur mer contre la puissante flotte austro-hongroise. Le 10 décembre 1917, le capitaine de corvette Luigi Rizzo, à bord d'une vedette lance-torpille, coule le cuirassé autrichien Wien de 22 000 tonnes, dans les eaux de l'Adriatique. Le 10 juin 1918, deux vedettes-torpilles italiennes, commandées par le même Luigi Rizzo, parviennent à couler le cuirassé autrichien Szent-Itsvan de 22 000 tonnes dans l'Adriatique. Le 1er novembre 1918, les nageurs italiens de combat Raffaele Rossetti et Raffaele Paolucci coulent dans la baie de Pola le cuirassé autrichien Viribus-Unitis de 20 000 tonnes.

5

LA CONSTRUCTION DU MYTHE DU SAUVEUR AMÉRICAIN EN 1918

Sur les 1 800 000 soldats américains présents en France en novembre 1918, seulement 400 000 luttent en première ligne. Les autres, instruits à l'arrière, donnent l'impression aux civils français que la machine de guerre américaine est puissante et omniprésente.

L'importante logistique américaine, avec l'installation de très nombreux camps d'entrainement dans toute la France, marque profondément la population française, laissant croire à une aide décisive. Les nombreux défilés militaires américains accréditent l'idée que « le rouleau compresseur » yankee est irrésistible. De même que l'arrivée massive de navires dans les ports français fascine la population. À Brest, à Saint-Nazaire, au Havre et à Bordeaux, 246 000 soldats américains sont débarqués en mai 1918, 276 000 en juin, 307 000 en juillet. Pendant ce temps-là, l'armée française remporte quasiment seule la seconde bataille de la Marne, condamnant désormais l'Allemagne à une guerre défensive et donc à la défaite.

Des centaines de milliers de soldats américains, transformés en ouvriers, construisent en France des camps, des ports et des gares. De juin 1917 à novembre 1918, l'armée américaine installe 85 nouvelles cales pour le débarquement de ses troupes. Une impressionnante infrastructure logistique américaine est mise en place à l'arrière du front, souvent avec l'aide de l'armée française : baraquements préfabriqués, voies ferrés, dépôts de ravitaillement, parcs d'artillerie, garages, terrains d'aviation et hôpitaux poussent comme des champignons. Rien que dans une zone comprise entre le sud de la Meuse et le nord des Vosges et de la Haute-Marne, on compte une vingtaine de camps d'entrainement.

L'accueil de la population française est enthousiaste. Les civils français, confrontés à un rationnement parfois sévère depuis le début de la guerre, découvrent un monde d'abondance avec l'arrivée des soldats américains, qui offrent des cigarettes, des boîtes de conserve, du chocolat... En échange, les paysans leur proposent des œufs, des volailles, des pâtisseries. Certains militaires abusent du vin, de la bière ou de la gnôle vendus dans les auberges, mais la police militaire surveille et réprime les beuveries. Les cérémonies militaires, les spectacles de cabaret, les bals et les concerts organisés par l'armée américaine émerveillent la population. Les Françaises et les Français découvrent le jazz, le blues et le base-ball. La jeunesse triomphante de cette armée fascine, même si son expérience et son engagement au combat sont limités... Qu'importe, pour la population française, les journalistes et les politiques, le sauveur américain est une réalité… Le mythe est en marche.

On ignore que l'unique opération militaire américaine d'envergure, sur un front de 50 kilomètres, l'offensive Argonne-Meuse en septembre-novembre 1918, mobilise seulement 16 divisions américaines ; et il faut engager 37 divisions françaises et 705 chars français pour soutenir des troupes américains inexpérimentées, facilement bloquées par quelques mitrailleurs allemands chevronnés.

L'armistice de novembre 1918 intervient au moment où ls généraux Pétain et de Castelnau s'apprête à lancer une puissante offensive en Lorraine, avec les 10e et 8e armées françaises, regroupant 20 divisions et 600 chars. Ce coup de grâce, devant permettre l'invasion de l'Allemagne uniquement par des troupes françaises, n'aura pas lieu. Les Allemands, désormais seuls depuis la défaite austro-hongroise contre l'Italie, demandent et obtiennent l'armistice. Ainsi, l'Allemagne préserve pour un temps son territoire de toute occupation française, laissant croire ainsi à sa population qu'elle n'a pas été vaincue. Pourtant, sur le terrain, son armée n'a pas cessé de reculer depuis la victoire française de la Marne en juillet 1918. D'août à novembre 1918, les troupes alliées ont progressé par endroits de 200 kilomètres, atteignant même les frontières belge et allemande. Il est significatif de constater que cette dernière offensive en Lorraine, finalement annulée, ne prévoyait l'engagement d'aucune unité américaine, démontrant ainsi que l'armée française, plus puissante que jamais, avait la possibilité de porter seule l'estocade à l'adversaire allemand.

Le cinéma américain, puissance mondiale indéniable, entretient l'image de sauveur de la planète, avec de nombreux films vantant l'héroïsme de ses soldats. De plus, l'historiographie anglo-américaine présente l'armée française de 1918 comme une troupe épuisée, démoralisée et au bord du gouffre. Or, il n'en n'est rien. En 1918, loin d'être affaiblie, l'armée française se trouve à son zénith, comme l'écrivent à juste titre le colonel Michel Goya et Pierre Grumberg : « Appuyée par une industrie inventive et productive, commandée par des chefs novateurs, motorisée en masse, l'armée française de 1918 n'a rien de commun avec l'outil statique de 1916. Après avoir soutenu victorieusement – et en infériorité numérique – un ultime choc allemand, les offensives répétées, inventées par Pétain et Foch, écrasent l'appareil militaire allemand en quatre mois. Jamais depuis Austerlitz et Iéna les armes françaises n'avaient atteint un tel niveau (…). Le 11 novembre 1918, la France n'est pas seulement l'une des puissantes alliées victorieuses. Elle peut revendiquer la meilleure armée du monde : la mieux équipée, la plus novatrice, la mieux soignée. Elle possède un commandent et des compétences qui n'ont rien à envier aux Allemands. Et c'est à elle-même qu'elle doit son succès. »[16]

---

[16] 1918, l'armée française à son zénith, *Guerre et Histoire n°5*, 2012.

Mais la propagande américaine, sans oublier le masochisme national de certains Français fascinés par tout ce qui vient d'Outre-Atlantique, font perdurer l'idée que les États-Unis ont sauvé les Alliés au bord du gouffre en 1918 : une véritable imposture historique !

En réalité, l'apport militaire américain dans la victoire des Alliés en 1918 n'a pas été décisif. Les 7 413 000 soldats alliés non américains ont pesé nettement plus lourd dans la balance que les 400 000 soldats américains réellement engagés en première ligne, dont seulement 200 000 ayant l'expérience du combat. Rien que sur le front occidental, 3210 chars franco-britanniques (2600 français et 610 britanniques) ont également fait la différence contre les 50 tanks allemands.

Rappelons que sur les 850 kilomètres du front occidental en novembre 1918, 111 divisions françaises sont positionnées sur 500 kilomètres, 60 divisions britanniques sur 250 kilomètres, 16 divisions américaines sur 50 kilomètres, 12 divisions belges sur 50 kilomètres. Il convient d'y ajouter 2 divisions italiennes intégrées dans le dispositif français. Ainsi, le prétendu sauveur américain tient 50 kilomètres de front sur un ensemble de 850 kilomètres ! Si 1 800 000 soldats américains se trouvent en France le 1er novembre 1918, seulement 400 000 sont engagés en première ligne au sein des 16 divisions déjà citées. Au même moment, sur ce même front occidental, l'armée française aligne 2 600 000 hommes, l'armée britannique 1 700 000 hommes, l'armée belge 170 000 hommes et l'armée italienne 60 000 hommes.

On soulignera jamais assez qu'en 1918 l'armée italienne est la plus grande contributrice en militaires alliés, après la France, avec 2 204 000 soldats engagés sur les fronts français, italien et des Balkans. Mais c'est un simple détail pour certains « historiens »...

6

L'HÉROÏQUE SACRIFICE DE L'ARMÉE FRANCAISE EN MAI-JUIN 1940 SAUVE LA GRANDE-BRETAGNE DE L'INVASION

L'historiographie officielle, principalement anglo-américaine, présente la campagne de mai-juin 1940 comme une « promenade militaire » pour l'armée allemande, marquée par l'effondrement en quelques jours des troupes françaises, prenant soi-disant la « poudre d'escampette » devant les invincibles panzerdivisions, avec un ciel vide d'avions tricolores et une Luftwaffe totalement maîtresse du ciel. Comment alors expliquer l'importance des pertes allemandes en six semaines d'affrontement, avec notamment 170 224 soldats hors de combat (49 000 tués ou disparus et 121 224 blessés), 753 chars et 1428 avions détruits ? L'armée française déplore de son côté 183 000 soldats hors de combat (60 000 tués ou disparus et 123 000 blessés), 1900 chars et 1247 avions détruits.

Ces pertes témoignent de l'acharnement des combat, balayant ainsi les élucubrations d'une prétendue « promenade militaire » des forces allemandes. Les pertes militaires françaises varient en tués ou disparus de 60 000 à 92 000, suivant les sources, en tenant compte des soldats français blessés, décédés quelques jours, voire plusieurs semaines après l'armistice du 22 juin 1940, entrée en vigueur le 25 juin. Durant certains jours de cette guerre-éclair de six semaines, Adolf Hitler déplore jusqu'à 1 800 chars hors de combat (détruits ou endommagés) contre l'armée françaises prétendument défaillante dans tous les domaines, mais les ateliers allemands de réparation font preuve d'une incroyable efficacité. Durant la bataille d'Hannut-Gembloux en Belgique, du 12 au 15 mai 1940, opposant plusieurs divisions françaises à leurs rivales allemandes, 256 panzers sont mis hors de combat (détruits ou endommagés), mais certains sont réparés en seulement quelques jours. Il en va de même au sud d'Amiens, du 5 au 7 juin 1940, où le 14e panzerkorps déplore la mise hors de combat de 235 de ses 428 panzers (détruits ou endommagés), contre 2 divisions françaises d'infanterie (16e et 24e DI), établies en profondeur et soutenues par une puissante artillerie et une poignée de chars. Or trois jours après, environ 60% des panzers mis hors de combat lors de cet affrontement sont réparés par les mécaniciens allemands.

Le 10 mai 1940, jour de l'offensive allemande à l'Ouest, l'armée française est nullement prête au combat. Sur ses 2262 chars modernes disponibles en première ligne, seulement 853 sont armés d'un canon antichar efficace, les 1409 restant disposent d'un canon de 37 mm modèle 1918, à faible vitesse initiale, capable de percer seulement 15 mm de blindage, alors que 2043 des 2863 chars allemands modernes ont un blindage épais de 20 à 30 mm (Panzer II, III, IV, Skoda) et son équipés d'un canon moderne capable de percer 30 à 40 mm de blindage, en fonction de la distance. La totalité des tanks allemands disposent en plus d'une radio pour communiquer et manœuvrer, alors que seulement un quart des chars français en sont équipés. Si les tanks français ont un blindage plus épais (40 à 60 mm) que leurs homologues allemands (15 à 30 mm), ils sont cependant plus lents (20 à 40 km/h) en moyenne que ceux de l'adversaire (40 à 55 km/h). L'autonomie des blindés allemands est également plus grande que les principaux chars français (200 à 250 kilomètres en moyenne contre 150 kilomètres). Les tourelles monoplaces de tous les chars français épuisent le chef de char et rendent la capacité de tir plus lente, alors que les tourelles allemandes à deux ou trois tankistes permettent de tirer deux à trois fois plus vite.

La masse principale des chars française se trouve dispersée en une trentaine de bataillons et une douzaine de compagnies sur l'ensemble du front occidental, afin d'appuyer l'infanterie comme en 1918. Seulement 960 des 2260 chars français sont endivisionnés en 3 divisions mécanisées et 3 divisions cuirassées, alors que les 2683 chars allemands sont tous regroupés en 10 panzerdivisions, formant une puissante pointe blindée de plusieurs panzerkorps. Les six divisions blindées françaises souffrent en plus de nombreux défauts au niveau de l'organisation et de la dotation en matériel :

transmission rudimentaire, DCA quasi inexistante, infanterie et artillerie motorisées insuffisantes, système de ravitaillement en essence lent et archaïque, absence de moyens de franchissement des fleuves et autres rivières. En revanche, les panzerdivisions représentent chacune une force indépendante redoutable, avec des chars rapides, une puissante infanterie motorisée, une DCA et une artillerie motorisée très efficaces, un système de transmission moderne, pouvant compter sur le soutien des bombardiers d'assaut et de la chasse, sans oublier des moyens de ravitaillement en essence performants, ainsi que d'excellentes unités du génie.

La France, en retard de trois années par rapport à l'Allemagne au sujet de la modernisation de l'armée, souffre également de la faiblesse de son aviation, avec seulement 1300 avions (630 chasseurs, 270 bombardiers et 400 appareils de renseignement), contre 3500 avions allemands (1500 chasseurs, 1500 bombardiers et 500 appareils de renseignement). De plus, cette puissante force aérienne allemande est équipée d'avions souvent plus rapides et mieux armés. À titre d'exemple, le chasseur français Morane-Saulnier 406, équipant la majorité des groupes de chasse, est armé d'un canon de 20 mm et de deux mitrailleuses de 7,5 mm, atteint la vitesse maximale de 485 km/h, alors que son rival allemand, le Messerschmitt 109E, armé de deux canons de 20 mm et de deux mitrailleuses de 7,92 mm, monte à 575 km/h. Le meilleur chasseur français, le Dewoitine D520 (1 canon de 20 mm et 4 mitrailleuses de 7,5 mm, vitesse de 530 km/h), est réduit à 36 exemplaires le 10 mai 1940. Plus de la moitié des bombardiers français sont des modèles vétustes, lents et dépassés. Fait plus grave, les groupes français de chasse sont inutilement dispersés sur l'ensemble des frontières du territoire, alors que la Luftwaffe a concentré la quasi-totalité de son aviation face à la Hollande, la Belgique et la France. La coopération entre l'aviation française et l'armée de terre est quasiment inexistante, alors que les divisions allemandes peuvent compter à tout moment sur le soutien de la Luftwaffe.

La France est soutenue par la Grande-Bretagne, engageant en France une dizaine de divisions, 600 chars et 400 avions. Les armées belges et hollandaises alignent au total une trentaine de divisions, 270 chars et environ 200 avions.

La France, avec ses 94 divisions, ses 2262 chars modernes et ses 1300 avions, reste le principal adversaire de l'Allemagne, alignant 157 divisions, dont 134 positionnées sur le front ouest, avec 2683 chars et 3500 avions. Si on compte la quarantaine de divisions britanniques, belges et hollandaises, leurs 870 chars et 600 avions, les forces alliées, avec celles de la France, reposent donc sur 3132 chars modernes et 1900 avions. Cependant, seulement un quart des chars alliés sont armés d'un canon antichar efficace contre les panzer. Un net déséquilibre apparaît également dans les rangs alliés au niveau de l'aviation, d'autant que l'Allemagne aligne en plus des appareils souvent plus performants. La doctrine d'emploi des forces penche largement en faveur de l'Allemagne, sachant parfaitement adaptée la coopération des troupes terrestres avec l'aviation, grâce à la modernité des transmissions.

Le plan français, faisant sans le savoir le jeux de l'Allemagne, prévoit d'intervenir en Belgique sur la ligne Dyle, avec ses meilleures divisions et le corps expéditionnaire britannique, laissant plus au sud la défense du front de la Meuse à des divisions françaises de réserve sous-équipées en canons antichars et en pièces de DCA, secteur où le gros de l'armée allemande doit attaquer en masse avec ses principales panzerdivisions, son infanterie motorisée et sa puissante aviation. Si sur la Dyle les forces en présence s'équilibrent, il en va tout autrement sur la Meuse, où le rapport des forces de 1 contre 3, voir 1 contre 5 en certains endroits, penche largement en faveur de l'Allemagne. En gros, le commandement allemand prévoit d'encercler les troupes alliées engagées en Belgique sur la Dyle, en perçant le front de la Meuse, puis par une remontée jusqu'à l'embouchure de la Somme et les côtes de la Manche. La ligne Maginot, protégeant utilement l'Est de la France, doit donc être contournée par les panzerdivisions engagées dans les Ardennes et sur la Meuse.

Chaque division française du front de la Meuse doit défendre 15 à 30 kilomètres à vol d'oiseau, et bien davantage si l'on tient compte des méandres du fleuve, alors que le secteur théorique pour ce type d'unité est de 5 à 6 kilomètres. Les fortifications se limitent à quelques casemates en béton, armées d'un canon léger ou d'une mitrailleuse. Certains ouvrage bétonnés sont dépourvus de portes blindées et d'appuis pour les armes automatiques. L'artillerie de campagne a été cependant renforcée. Ainsi, à l'Ouest de Sedan, on compte bien 200 canons, dont les calibres vont du 75 au 155 mm, mais la DCA est quasi inexistante. Les rares canons antiaériens de 25 et 75 mm ont une portée trop limitée pour inquiéter les appareils allemands évoluant à moyenne et haute altitude. À Sedan, la 55e division française d'infanterie, équipée seulement de 12 canons antichars, doit affronter trois panzerdivisions totalisant environ un millier de panzers !

Il est facile de faire porter toutes les causes de la défaite de 1940 uniquement aux chefs militaires français. On ne doit pas oublier que l'armée française engage le combat avec seulement 853 de ses tanks armés d'un canon antichar efficace sur les 2262 présents en première ligne, dont la majorité est dépourvue de radios, avec également des divisions cuirassées équipées d'un système de ravitaillement en essence lent et archaïque, avec des divisions d'infanterie de réserve pauvres en armes antichars et antiaériennes, avec une aviation surclassée en nombre et en vitesse, sans oublier des plans opérationnels approuvés par les politiques faisant le jeux de l'assaillant allemand.

La faute de la Belgique est également évidente comme le souligne fort justement l'historien belge Jean-Claude Delhez, dans un ouvrage remarquable, démontrant que la neutralité aveugle de ce pays a servi les intérêts allemands. La Belgique fait appel à l'armée française trop tardivement, permettant aux divisions allemandes d'enfoncer facilement le front de la Meuse, mal défendu et peu fortifié. Il aurait été pourtant facile de bloquer les interminables colonnes motorisées allemandes dans la forêt ardennaise avec des troupes habilement positionnées depuis longtemps. Jean-Claude Delhez démontre « que la victoire allemande n'était pas possible sans le double choix des Belges. Choix de quitter l'alliance française en 1936 pour se proclamer neutre. Choix de ne pas défendre le massif ardennais, ouvrant un boulevard à la chevauchée des panzers en direction de Sedan, qui offre à Hitler la plus éclatante victoire de sa carrière ».(1)

Cependant, aucune division alliée en mai-juin 1940 n'avait les moyens de résister longtemps à un corps blindé allemand, regroupant deux à trois panzerdivisions, soutenues par une puissante artillerie et aviation d'assaut, sans oublier de nombreuses unités d'infanterie. Même si l'armée française n'était pas tombée dans le piège de s'engager en Belgique, la supériorité tactique et logistique de l'adversaire aurait fait la différence sur le long terme.

Les politiques français, aveuglés majoritairement par un pacifisme naïf, conséquence de l'hécatombe humaine de 14-18, ont également une lourde responsabilité dans cette défaite, en préparant mal la France à la guerre moderne, avec en moyenne un retard de trois années de réarmement par rapport à l'Allemagne hitlérienne.

Le général Gamelin, commandant en chef de l'armée française, disperse sa réserve stratégique en engageant inutilement la puissante 7e armée française au secours de la Hollande, alors qu'elle aurait pu intervenir pour soutenir les faibles troupes françaises positionnées sur la Meuse. Les six divisions blindées françaises (3 divisions mécanisées et 3 divisions cuirassées), renforcées à la mi-mai 1940 par la 4e division cuirassée du général de Gaulle, sont engagées en majorité dans des contre-attaques décousues et mal coordonnées, sans soutien aérien, contre des forces allemandes plus mobiles et plus rapides, souvent plus nombreuses et appuyées par de nombreux avions d'assaut et de puissantes pièces antichars de 88 mm, pièces antiaériennes transformées en « tueurs de chars », capables de détruire un tank allié à 2000 mètres.

Alors qu'en 1918, l'armée française dispose d'une réserve stratégique de 40 divisions en grande partie motorisées, qui vont sauver l'allié britannique en Picardie et dans les Flandres, le général Gamelin, oubliant les leçons de la victoire de 1918, disperse en 1940 sa réserve stratégique, condamnant son pays à la défaite.

Malgré les erreurs tactiques et stratégiques du commandement français et les faiblesses en équipement d'une partie de l'armée de terre et surtout de l'aviation, les soldats français de mai-juin 1940, si souvent et injustement critiqués par l'historiographie anglo-américaine et des « historiens » français pratiquant le masochisme national, luttent avec un réel courage sur le terrain, remportant même plusieurs succès, souvent méconnus. Le rôle de l'armée française va être décisif dans le sauvetage du corps expéditionnaire britannique engagé en France, permettant ainsi à la Grande-Bretagne de poursuivre la guerre.

À Hannut en Belgique, du 12 au 13 mai 1940, les 2e et 3e divisions mécanisées françaises (380 chars) livrent bataille aux 3e et 4e panzerdivisions (664 chars), soutenues par une puissante aviation. Les redoutables chars français Somua S35 font un carnage dans les rangs allemands. Succès tactique incontestable pour le général Prioux, commandant les 2 unités françaises : 194 panzers sont hors de combat contre 105 chars français. Les deux jours suivants, 14 et 15 mai, les 3e et 4e panzerdivisions, qui tentent de percer en direction de Gembloux, sont repoussées par la 1ère division marocaine d'infanterie et la 15e division d'infanterie motorisée, bien équipées en canons antichars et en artillerie de campagne, puis soutenues par les 13e et 35e bataillons de chars de combat (BCC) : 62 autres panzers sont détruits ou endommagés. En quatre jours de combat, à Hannut et à Gembloux du 12 au 15 mai, les Allemands déplorent la perte de 256 panzers (détruits ou endommagés) sur 664 engagés. Sur la ligne Dyle, les troupes franco-britanniques contiennent les attaques allemandes.

Sur la Meuse, malgré l'écrasante supériorité numérique et matérielle des Allemands (10 divisions françaises contre 50 divisions ennemies), les troupes tricolores opposent une résistance opiniâtre, du 10 au 15 mai 1940. Dans le secteur de Dinant, la 18e division française d'infanterie (DI) du général Duffet contient la 7e panzerdivision du général Rommel, en manquant même de capturer ou de tuer le futur chef de l'Afrikakorps lors d'une contre-attaque. Dans le même secteur, la 5e division d'infanterie motorisée enraye également la progression de la 5e panzerdivision. Pour forcer le passage, le commandement allemand doit engager 2 divisions d'infanterie (8e et 28e DI) et une puissante aviation d'assaut, afin d'appuyer les 2 panzerdivisions en difficulté. À Monthermé, la 102e division d'infanterie de forteresse, qui tient un front énorme de 35 kilomètres, alors que ce type d'unité est prévu pour défendre une position de 5 à 6 kilomètres, tient en échec durant trois jours les 6e et 8e panzerdivisions. À Sedan, la 55e division d'infanterie (DI) se trouve opposée aux 1ère, 2e et 10e panzersivisions, sans oublier le régiment d'élite Grossdeutschland et le soutien massif de plusieurs centaines d'avions. La courageuse 55e DI repousse plusieurs assauts et succombe finalement sous le poids du nombre.

Le 15 mai 1940, à Flavion sur la Meuse, la 1ère division cuirassée française (160 chars) livre bataille aux 5e et 7e panzerdivisions (500 panzers). Les chars lourds français B1 bis, monstres de 32 tonnes, dont le blindage de 60 mm résiste aux principaux canons antichars allemands, se sacrifient avec un héroïsme extraordinaire, bien que la moitié d'entre eux ne peuvent manœuvrer faute d'essence. Le commandement allemand doit utiliser son artillerie lourde pour détruire les « pachydermes » français. Les bombardiers allemands interviennent également dans la bataille. Au final de cette lutte titanesque d'une journée : une centaine de blindés allemands (chars et automitrailleuses) et une soixantaine de chars français sont détruits ou endommagés.

Du 15 au 19 mai, la 2e division cuirassée française (160 chars), étalée sur un front énorme de cent kilomètres, à l'ouest de la Meuse, tente de s'opposer à la ruée des 1ère, 2e, 6e et 8e panzerdivisions (954 panzers) : 118 chars français et environ 300 blindés allemands (chars et automitrailleuses) sont détruits ou endommagés.

Du 14 au 25 mai 1940, l'armée allemande engage d'importantes troupes pour s'emparer du secteur de Stonne, au sud de Sedan, afin de couvrir sa progression à l'Ouest : le régiment d'élite motorisé Grossdeutschland, la 10e panzerdivision, des éléments de la 1ère panzerdivision et de la 2e division d'infanterie motorisée, puis les 16e, 24e et 26e DI, soit un total de 90 000 soldats et 300 chars. Le commandement française oppose de son côté la 3e division cuirassée, la 3e divisions d'infanterie motorisée, la 6e division d'infanterie coloniale, ainsi que divers groupes de reconnaissance, soit un total de 42 500 soldats et 130 chars. Malgré son écrasante supériorité numérique et matérielle, l'assaillant allemand est tenu en échec durant douze jours de lutte sanglante, où 7500 soldats français et 26 500 soldats allemands sont mis hors de combat (tués, disparus, blessés, prisonniers), sans oublier la destruction de 65 chars français et d'une centaine de blindés allemands (tanks et automitrailleuses). Le commandement allemand surnomme la bataille de Stonne le « Verdun de 1940 » !

A Rethel, sur le front de l'Aisne, la 14e DI française (18 000 soldats) du général de Lattre de Tassigny, repousse du 15 au 22 mai, les assauts enragés des 3e, 21e et 22e DI allemandes (54 000 soldats) : 800 soldats allemand sont capturés, 85 blindés et véhicules divers détruits contre la 14e DI, qui ne compte de son côté que 2 chars lourds B1 bis hors de combat, venus l'appuyer.

Du 17 au 30 mai 1940, la 4e division cuirassée (DCR) française du général de Gaulle, engagée successivement à Montcornet, Crécy-sur-Serre et Abbeville, perd 165 chars et un millier d'hommes. Elle inflige, durant la même période, des pertes importantes à l'adversaire, avec 300 blindés (chars et automitrailleuses) et véhicules ennemis détruits ou endommagés, 110 canons, 300 mitrailleuses et 200 mortiers détruits, sans oublier 5000 soldats allemands tués, blessés et capturés.

La 57e DI allemande perd 2300 hommes (tués, blessés, disparus et prisonniers) contre la division du général de Gaulle, au sud d'Abbeville, du 28 au 30 mai 1940. Certains auteurs antigaullistes hystériques estiment que l'attaque de la 4e DCR contre la poche allemande d'Abbeville fut un échec complet. Or 75% de cette position, représentant un dispositif triangulaire de 30 kilomètres de périmètre, sont reconquises par la 4e DCR. La 57e DI allemande est puissamment renforcée en artillerie, avec 175 canons et mortiers de divers calibres, dont 16 canons de 88 mm capables de détruire tous les chars alliés à 2000 mètres de distance. Or, pour atteindre le mont Caubert (82 mètres de hauteur), clé de la défense allemande, les chars français doivent franchir à découvert un glacis de 1500 à 2000 mètres. De plus, le 28 mai 1940, lors de son assaut contre les puissantes défenses allemandes, la 4e DCR est réduite à 137 chars au lieu des 160 prévus pour ce type d'unité, dont seulement 32 chars lourds B1 bis au lieu des 70 théoriques. De plus, l'absence presque totale de transmission prive la 4e DCR de souplesse, de réflexe et même de réaction. Le général de Gaulle doit faire circuler des estafettes motocyclistes pour correspondre avec les diverses unités de sa division. Ainsi, le 29 mai 1940, faute de liaisons radios adéquates, le général de Gaulle ignore que sa division a enfoncé les défenses allemandes. Il ne peut porter l'estocade finale par manque de transmission. Les Allemands, après la retraite de plusieurs unités, parviennent à se rétablir d'une extrême justesse, suite à l'arrivée de renforts.

La résistance héroïque de l'armée française dans les Flandres, dont notamment à Lille et à Dunkerque, en mai 1940, couvre le rembarquement de l'armée britannique, représentant la quasi-totalité de ce que dispose la Grande-Bretagne en Occident. La capture de cette importante armée, après la perte de près la moitié de son aviation (933 avions sur 1900 disponibles) en mai-juin 1940, sans oublier d'importantes pertes navales à Dunkerque et en Norvège, aurait plongé la Grande-Bretagne dans un état de faiblesse extrême, la contraignant à signer peut-être un armistice avec l'Allemagne.

Le général Brooke, chef d'état-major de l'armée britannique, replace la bataille de Dunkerque dans une vision stratégique essentielle pour la survie de la Grande-Bretagne et du monde libre : « Si le corps expéditionnaire britannique ne retournait pas en Angleterre, il serait difficile de concevoir comment l'armée reprendrait son souffle. La Grande-Bretagne pourrait remplacer le matériel perdu ; nos soldats professionnels seraient par contre irremplaçables. La Grande-Bretagne ne possédait que les troupes entraînées qui avaient combattu en France. Plus tard, celles-ci formeraient le noyau des grandes armées alliées qui devaient reconquérir le Continent. Leurs chefs – Alexander et Montgomery, pour ne citer que ces deux-là – s'étaient faits les dents à Dunkerque. »[17]

L'historien américain Walter Lord, spécialiste de la Seconde Guerre mondiale, écrit avec justesse : « Nombre de généraux allemands considèrent la bataille de Dunkerque comme un tournant de la guerre : si le corps expéditionnaire britannique avait été fait prisonnier, la Grande-Bretagne aurait été vaincue ; si

---

[17] *Archives militaires britanniques*, Londres.

cela était arrivé, l'Allemagne aurait pu concentrer toutes ses forces sur la Russie ; Stalingrad n'aurait pas eu lieu. »[18]

Hitler décide d'engager qu'une seule panzerdivision contre la poche de Dunkerque. En effet, du 10 au 23 mai 1940, environ 30% de ses panzers ont été mis hors de combat (détruits ou endommagés) contre l'armée française. Il sait qu'il lui reste à affronter en juin encore 60% de cette même armée française, qu'il ne cesse de redouter. Il tient donc à préserver ses précieuses unités blindées pour engager la seconde phase de la campagne de 1940 dans de bonnes conditions. De plus, il engage cinq autres de ses panzerdivisions pour réduire les poches françaises de résistance de Lille, Calais et Boulogne. En ne parvenant pas à s'emparer du puissant corps expéditionnaire britannique, il permet à la Grande-Bretagne de poursuivre la guerre, condamnant ainsi l'Allemagne à la guerre sur deux fronts, cause principale de sa défaite militaire.

Au prix de très lourdes pertes, les 30 000 soldats français et 2000 à 6000 soldats britanniques contiennent autour de Dunkerque, durant une dizaine de jours (26 mai au 4 juin 1940), 160 000 soldats allemands, soutenus par une centaine de chars et 800 avions : 347 781 soldats alliés sur 400 000 sont évacués par mer au total, dont 224 686 soldats britanniques et 123 095 soldats français. Un incroyable succès, lorsque l'on sait que Churchill ne pensait sauver

---

[18] Walter Lord, *Le Miracle de Dunkerque*, éditions Robert Laffont, 1983.

que 30 000 à 40 000 hommes au total. En quelques jours, les amirautés britanniques et françaises sont parvenues à réunir 848 navires civils et militaires : 235 navires alliés sont coulés, 18 219 soldats alliés sont tués ou portés disparus, dont 16 000 soldats français et 2219 soldats britanniques ; 34 000 soldats alliés sont capturés, principalement Français. Les pertes militaires allemandes s'élèvent à 20 000 tués ou blessés lors de l'unique bataille de Dunkerque, sans oublier 318 avions hors de combat (détruits ou endommagés).

Le général Georg von Küchler, commandant la 18e armée allemande engagée contre la poche de Dunkerque, a tenu à souligner : « En résistant une dizaine de jours à nos forces nettement supérieures en effectifs et en moyens, l'armée française a accompli, à Dunkerque, un superbe exploit qu'il convient de saluer. Elle a certainement sauvé la Grande-Bretagne de la défaite, en permettant à son armée professionnelle de rejoindre les côtes anglaises. »[19]

La résistance acharnée de l'armée française, en de nombreux endroits, sauve de la capture 403 517 soldats britanniques sur les 450 000 présents en France en mai-juin 1940, car l'évacuation de Dunkerque n'est pas l'unique opération de ce type durant cette période, plusieurs ports français permettent

---

[19] *Archives militaires allemandes*, Fribourg-en-Brisgau.

d'autres rembarquements, avec le sacrifice en couverture de plusieurs divisions françaises. Ainsi, la Grande-Bretagne sauve la plus grande partie de son armée présente en France, permettant de sanctuariser son propre territoire dans l'immédiat, malgré la perte de 3457 soldats britanniques tués et 43 026 prisonniers en mai-juin 1940. Les 403 517 soldats sauvés de la capture représentent l'essentiel de l'armée britannique en juillet 1940, comme tient à le rappeler le général anglais Brooks, chef d'état-major.

*

Le général Weygand, nouveau commandant en chef de l'armée française à compter du 19 mai 1940, tire les leçons de la bataille des Flandres et de celle de la Meuse. La nouvelle ligne de front qu'il constitue sur la Somme et l'Aisne repose sur un système défensif en profondeur, constitué par des groupes de combat dispersés dans les localités et les bois, capables de résister à des attaques venant de tous côtés. Il s'agit ainsi de dissocier les panzers de l'infanterie d'accompagnement, afin de rendre les blindés plus vulnérables aux armes antichars et à l'artillerie de campagne. Des groupements et bataillons blindés sont maintenus en réserve pour contre-attaquer les éventuelles percées allemandes.

Pour que ce dispositif défensif soit efficace sur l'ensemble du front, il faudrait maintenir une réserve d'unités blindées en grand nombre. Or Weygand a inutilement sacrifié trois divisions blindées pour essayer de reprendre, fin mai et début juin, la tête de pont d'Abbeville, solidement tenue par l'armée allemande. Les 4ᵉ et 2e divisions cuirassées françaises et la division blindée britannique Evans y ont subi de très lourdes pertes, sans oublier l'engagement d'autres unités blindées françaises contre d'autres têtes de pont établis également sur la Somme : environ 600 précieux chars alliés y ont été vainement sacrifiés lors d'opérations inutiles et décousues.

La force blindée de réserve sérieusement entamée, le général Weygand ne peut prétendre défendre le front Somme-Aisne avec un maximum d'efficacité, devant une armée allemande disposant d'une supériorité numérique de deux à trois contre un. Or, malgré une situation encore plus désavantageuse que le 10 mai, l'armée française parvient à tenir en échec la puissante Wehrmacht en plusieurs endroits sur la Somme et l'Aisne, du 5 au 12 juin, démontrant ainsi l'efficacité du système défensif en « hérisson » prôné par le général Weygand.

Sur la Somme et l'Aisne, 40 divisions françaises, soutenues par 1200 chars et 600 avions, affrontent 120 divisions allemandes, appuyées par 2000 chars et 2 500 avions.

Au sud d'Amiens, du 5 au 9 juin 1940, le 14e panzerkorps perd 235 de ses 428 chars (détruits ou endommagés) contre 2 divisions françaises d'infanterie (16e et 24e DI), établies en profondeur, soutenues par une puissante artillerie et une trentaine de chars. L'offensive allemande et un échec dans ce secteur.

Au sud-est d'Abbeville, la 5e panzerdivision perd 38 chars pour l'unique journée du 5 juin contre la 3e division légère française de cavalerie, réduite à une dizaine de blindés. La 7e panzerdivision du général Rommel, engagée sur la Somme, entre Longpré et Hangest, contre la 5e division d'infanterie coloniale (DIC) et le 7e régiment de cuirassiers, déplore la perte d'une soixantaine de blindés du 5 au 7 juin.

Dans le secteur de Péronne, la 1ère division cuirassée française, réduite à 124 chars mais épaulée par trois DI, parvient à contenir durant cinq jours, du 5 au 9 juin, quatre panzerdivisions, totalisant 600 chars. Sur cette même partie du front, le 117e régiment d'infanterie (RI) détruit ou endommage une cinquantaine de blindés allemands et le 29e RI un nombre équivalent.

Le prix à payer par la Wehrmacht sur le canal de l'Ailette est élevé en deux jours de combat (5 et 6 juin) contre la 87e division d'infanterie d'Afrique : 1800 morts, 4500 blessés et 300 prisonniers allemands !

Sur l'Aisne, de Thugny-Trugny à Attigny, la 14e DI du général de Lattre de Tassigny repousse trois divisions allemandes d'infanterie, du 9 au 10 juin. Les pertes françaises sont réduites alors que celles de l'adversaire sont lourdes, avec notamment 1 800 tués, 6500 blessés et 800 prisonniers.

Toujours sur l'Aisne, à Voncq, du 9 au 10 juin, la 36e DI du général Aublet contient les assauts de trois divisions allemandes d'infanterie : on compte 6000 soldats allemands hors de combat contre 2000 soldats français ! À l'est de la 36e DI, 3 divisions françaises d'infanterie (35e et 6e DI, 1ère DIC) repoussent durant trois jours (9 au 11 juin) 5 divisions allemandes d'infanterie.

Au nord-ouest de Reims, les 44e, 45e et 42e DI, formant le 7e corps d'armée du général de La Porthe du Theil, sont attaquées le 9 juin par 5 DI allemandes : 72 000 soldats français contre 90 000 soldats allemands. Les assauts allemands sont partout repoussés avec de lourdes pertes pour la Wehrmacht. Devant une résistance française aussi acharnée, le commandement allemand décide de déplacer de Péronne les 3e, 4e, 9e et 10e panzerdivisions pour venir épauler les 5 DI allemandes en difficulté contre le 7e corps d'armée français. Le 10 juin, soutenues par environ 800 panzers, les cinq divisions allemandes peuvent enfin percer les lignes françaises, après des combats acharnés où les trois divisions d'infanterie françaises ne peuvent opposer qu'une quinzaine de chars de la 1ère compagnie du 42e BCC.

Dans le secteur de Château-Porcien et Rethel, les 10e et 2e DI françaises sont assaillies, les 9 et 10 juin 1940, par 6 DI allemandes, soutenues par les 1ère, 2e, 6e, 8e panzerdivisions, les 20e et 29e divisions motorisées, soit un total de 36 000 soldats français opposés à 200 000 soldats allemands, appuyés par 954 chars du général Guderian. Les troupes françaises accomplissent le miracle de repousser tous les assauts allemands le 9 juin, mais le 10 juin, les positions sont finalement enfoncées devant l'écrasante supériorité numérique et matérielle de l'assaillant. Les 10 et 11 juin, à Juniville et Perthes, au sud de Rethel, le groupement blindé français Buisson, réduit à 160 chars, parvient à contenir la percée des quatre panzerdivisions du général Guderian, totalisant 900 panzers. Les pertes allemandes s'élèvent à une centaine de blindés hors de combat et à une cinquantaine du côté français.

La percée allemande n'est effective au nord de Reims et au sud de Rethel, les 11 et 12 juin 1940, qu'en raison de l'écrasante supériorité en chars de la Wehrmacht dans ces deux secteurs. Le manque de blindés français a fait la décision dans les deux cas.

*

Après la défaite de 1940, la ligne Maginot, si longuement glorifiée auparavant, a fait l'objet des pires critiques en tant que symbole de l'inefficacité de l'armée française : elle n'aurait servi à rien, puisque les Allemands l'ont contourné par les Ardennes.

Si Hitler et ses généraux ont jugé utile de la contourner plutôt que de l'attaquer de front, c'est qu'ils ont estimé que son efficacité défensive était réelle. On ignore souvent qu'en juin 1940, les Allemands ont voulu tester sa réelle valeur en l'attaquant en plusieurs endroits. Ainsi, le 14 juin, en Moselle, secteur le plus faible de la ligne Maginot, où les gros ouvrages sont remplacés par une cinquantaine de casemates de taille moyenne, une centaine de petits blocs et une cinquantaine de tourelles, 155 000 soldats allemands, appuyés par 1100 canons et 300 bombardiers, sont repoussés par 18 000 soldats français, soutenus par seulement 114 pièces d'artillerie : cette offensive coûte, en un seul jour, 1200 tués et 4000 blessés aux six divisions allemandes engagées, contre 679 tués et 1 800 blessés aux six régiments français défendant le secteur.

Finalement attaquée de tous côtés à partir du 15 juin, la ligne Maginot résiste à tous les assauts. Sept divisions allemandes tentent de traverser le Rhin entre Rhinau et Neuf Brisach, sur un front de 30 kilomètres, défendu par l'unique 104e division d'infanterie de forteresse. L'organisation défensive comprend une ligne de casemates doubles, espacées de petits blocs. On compte également une série de points d'appui, qui complètent l'organisation. L'ensemble représente moins de 10 000 hommes faisant face à 90 000 soldats allemands. L'offensive allemande dans ce secteur se heurte à une farouche résistance. L'avance de la Wehrmacht ne se fait pas l'arme à la bretelle : on compte dans les rangs allemands 766 tués, 2567 blessés et 117 disparus en trois jours de combat ! L'impression des soldats français est qu'il suffirait de quelques compagnies pour rejeter l'ennemi dans le fleuve. Mais où les prendre ? L'absence de troupes d'intervalle se fait durement sentir. Pour renforcer les fronts de l'Aisne et de la Somme, on a puisé sur les effectifs de la ligne Maginot.

Le 25 juin 1940, malgré la multiplicité des attaques allemandes et la puissance des moyens employés, 45 des 53 gros ouvrages de la ligne Maginot résistent encore. Les Allemands ont subi de lourdes pertes en voulant s'emparer de ces positions fortifiées.

Sur le front des Alpes, fin juin 1940, la Maginot alpine remplit également son rôle : avec seulement 215 000 soldats, 986 pièces d'artillerie et une dizaine de chars, l'armée française tient en échec 377 000 soldats italiens et allemands, soutenus par 797 blindés, 2599 canons et une puissante aviation. Les Français ont perdu 503 soldats (tués, blessés, disparus ou prisonniers) contre 7329 soldats germano-italiens. Le béton préserve les vies des défenseurs et inflige de lourdes pertes à l'assaillant. Il est donc totalement faux d'affirmer que la ligne Maginot n'a servi à rien : bien au contraire, elle a repoussé les assauts ennemis en leur infligeant de lourdes pertes.

*

Des auteurs anglo-américains francophobes et français victimes du masochisme national mettent en avant l'importance des prisonniers français en mai-juin 1940, afin de démontrer la faible résistance de l'armée tricolore qui se serait débandée en quelques jours.

Il convient de noter que sur les 1 500 000 soldats français capturés du 10 mai au 25 juin 1940, 1 100 000 l'ont été après le 17 juin 1940, suite à l'annonce radiophonique catastrophique du maréchal Pétain, appelant à la cessation des combats, alors que l'armistice ne sera signé que le 22 juin et ne prendra effet qu'après le 25 juin. Le 18 juin et les jours suivants, l'armée allemande capture ainsi de nombreux soldats français, persuadés de la fin des combats. Cependant, de la Loire à la Creuse, 350 000 soldats français luttent pied à pied, sans déposer les armes, jusqu'à la fin réelle des hostilités, se déplaçant la nuit et combattant le jour. Dans l'est, 400 000 autres se battent également jusqu'au bout sur la ligne Maginot, ainsi que 215 000 braves sur le front des Alpes. Du 14 au 25 juin, 965 000 soldats français au total ont poursuivi la lutte dans les pires conditions.

La tactique défensive de l'armée française a plusieurs fois tenu en échec sa rivale allemande, lorsque le rapport des forces n'était pas trop déséquilibré. Dans le cas contraire, l'écrasante supériorité numérique et matérielle de l'assaillant, concentrée en des endroits vitaux, a fait la différence.

L'historien Laurent Henninger, chargé d'études à l'Institut de recherche stratégique à l'école militaire, écrit : « La mémoire que les Français ont de l'action et du rôle de leur pays dans la Seconde Guerre mondiale n'a cessé d'évoluer au fil des décennies. À l'image du « tous héros, tous résistants ! », qui a largement prévalu sous la IVe République et jusque dans les années 1960, a succédé dans les années 1970 celle du « tous collabos ! » et aussi du « tous des lâches et des fuyards ! » pour la question particulière de la défaite de mai-juin 1940. Dans ce point de vue, le cinéma populaire a joué un rôle énorme et déformant, que l'on songe au succès des films narrant les aventures grotesques de la *Septième*

Compagnie, pour ne citer que cet exemple... Or, les travaux des historiens permettent aujourd'hui d'y voir plus clair et de façon plus nuancée. On en revient à l'analyse faite en son temps par Marc Bloch, et qui constitua le titre de son ouvrage posthume : celle d'une « étrange défaite ». Et étrange, elle le fut bien, cette défaite, et même l'une des plus étranges de toute l'histoire militaire !

« Première idée reçue : les soldats ont fui ou se sont rendus sans tirer un coup de feu. Or, on sait maintenant que les soldats français ont combattu partout. Il n'y eu de panique à peu près avérée qu'à Bulson, derrière la charnière de Sedan. Ils se sont même battus avec courage et détermination – si ce n'est toujours avec habileté – en Belgique, devant Dunkerque, sans parler de l'armée des Alpes ou des garnisons de la ligne Maginot. Et la résistance la mieux organisée est intervenue sur la ligne Somme-Ailette-Aisne, avec de furieux combats à Rethel et Voncq. Les pertes humaines allemandes en témoignent : environ 50 000 morts. Ce ne fut en rien une promenade de santé pour la Wehrmacht.

« Seconde idée reçue : l'armée française était totalement archaïque, en retard d'une guerre, sous-équipée et dotée de matériels hors d'âge. La caricature est outrancière. La mécanisation française était, à certains égards, plus avancée que celle des Allemands (plus grand nombre de camions, chars et blindés légers souvent supérieurs aux prétendument terribles panzers), l'artillerie lourde était excellente, la dotation en matériel radio était plus avancée qu'on l'a dit, l'aviation de chasse et les pilotes d'un excellent niveau technique, etc. Mais... les chars étaient insuffisamment endivisionnés, les armes antichars et l'artillerie antiaérienne manquaient cruellement, les communications étaient systématiquement cryptées là où le rythme des combats modernes ne le nécessitait pas, les avions de chasse modernes étaient en nombre insuffisant et l'aviation de bombardement quasi inexistante. Surtout, les faiblesses n'étaient pas tant tactiques ou techniques qu'opérationnelles et intellectuelles, puisque tout – des méthodes de raisonnement et de commandement des états-majors à la logistique et aux transmissions – était inadapté au rythme de ce moment très particulier du conflit.

« Armée française surpuissante et sans aucun défaut ? Certainement pas. Armée ridicule et lâche ? Encore moins ! Le chantier historique en cours consiste précisément à faire lumière sur tout cela et à soigneusement démêler cette complexité, contre toutes les sentences trop tranchées. Si d'éventuelles leçons de l'histoire doivent être tirées, elles ne le seront qu'à ce prix. »[20]

Dans un rapport du 20 novembre 1940, portant sur les enseignements de la campagne de mai-juin 1940, le général Erwin Rommel, commandant de la célèbre 7e panzerdivision, écrit : « Sur les flancs de la Meuse, dans les fortifications de campagne et dans les maisons fortifiées, les soldats français ont combattu avec une

---

[20] Laurent Henninger, Thierry Widemann, *Comprendre la guerre, Histoire et notions*, éditions Perrin 2012.

extraordinaire habileté et opiniâtrement, et ils ont causé des pertes élevées à nos troupes. Les attaques de chars français et d'infanterie sur la rive ouest de la Meuse n'ont été repoussées qu'avec peine. Au sud de la Somme, les troupes coloniales françaises, en grande partie noire, ont combattu avec un acharnement extraordinaire. Les unités antichars françaises et les équipages de chars français se sont partout battus avec courage et ont causé des pertes élevées à nos troupes. »[21]

Le général Heinz Guderian, commandant du 19e panzerkorps en mai-juin 1940, remarque : « En dépit d'énormes erreurs tactiques et stratégiques venant du haut-commandement allié, les soldats français de 1940, notamment dans les Ardennes, dans les Flandres, sur la Somme et l'Aisne, ont opposé une résistance extrêmement coriace, avec un esprit de sacrifice extraordinaire, parfois digne des poilus de Verdun en 1916. »[22]

Le colonel Wagner, commandant du 79e régiment allemand d'infanterie, écrit dans son carnet de guerre, suite à la bataille de Stonne en mai 1940 : « La défense acharnée de l'armée française est à signaler. Cette défense était offensive, et s'accompagnait de furibondes contre-attaques avec des chars. Les positions étaient bien camouflées, établies en profondeur et très difficiles à

---

[21] *Archives militaires allemandes*, Fribourg-en-Brisgau.

[22] *Archives militaires allemandes*, Fribourg-en-Brisgau.

reconnaître. La troupe française avait l'expérience des combats en forêt. L'artillerie française se signala par son feu rapide et bien réglée. Grâce à d'excellents observateurs, l'artillerie française prenait sous son feu tous nos mouvements de troupes. »[23]

Le maréchal Keitel tient à souligner : « Le commandement allemand a reconnu le courage et l'héroïsme dont les troupes françaises ont fait preuve dans une suite ininterrompue de batailles sanglantes en mai-juin 1940. »[24]

*

À en croire une légende tenace, le ciel aurait été vide d'avions français en mai-juin 1940. Rien n'est plus faux ! Du 10 mai au 25 juin 1940, la chasse française effectue 20 410 sorties et les bombardiers français 2130. Sur 1300 avions français engagés 1247 sont détruits hors de combat. Durant la même période, les pertes humaines des aviateurs français s'élèvent à 541 tués, 364 blessés et 105 disparus, soit un total de 1010 hommes hors de combat, représentant 40% des officiers et 20% des sous-officiers et non gradés. La Luftwaffe (armée de l'air allemande) déplore également de lourdes pertes, avec 1428 avions détruits sur 3500 engagés. Les pertes humaines s'élèvent à 2668 tués, 4191 blessés et 2923 disparus, soit un total de 9782 aviateurs allemands hors de

---

[23] *Archives militaires allemandes*, Fribourg-en-Brisgau.

[24] *Archives militaires allemandes*, Fribourg-en-Brisgau.

combat, frappant principalement les équipages des bombardiers et des avions de reconnaissance, ce qui explique l'importance des pertes humaines. Contrairement aux critiques de la propagande anglophobe du régime de Vichy, l'aviation britannique a activement participé aux combats de mai-juin 1940, en perdant 933 de ses précieux appareils.

Ces chiffres démontrent que l'armée de l'air française n'a pas démérité en mai-juin 1940. Elle a notamment privé la Luftwaffe d'une supériorité numérique suffisante pour battre l'aviation britannique durant la bataille d'Angleterre, qui a suivi du 11 août au 31 octobre 1940. À la fin de juin 1940, la Luftwaffe n'a plus que 841 bombardiers opérationnels et un peu plus de 700 chasseurs. Le 3 août 1940, à la veille d'engager la bataille aérienne décisive contre la Grande-Bretagne, la Luftwaffe n'a pas reconstitué ses effectifs du 10 mai, ni pour la chasse ni pour les bombardements et elle se trouve à court de pilotes.

Les pilotes de la chasse française ayant remporté plus de 10 victoires homologuées, en mai-juin 1940, sont les suivants : lieutenant-Marin La Meslée (16 victoires), sous-lieutenant Plubeau (14), lieutenant Dorance (14), capitaine Accart (12), sergent Le Nigen (12), lieutenant Le Gloan (11), sergent-chef Tallent (11), sous-lieutenant Lefol (11).

Adolf Galland, général de la chasse allemande, détenteur de 104 victoires aériennes homologuées en 1939-1945, rend un émouvant hommage aux pilotes français de la campagne de mai-juin 1940 : « La rapidité avec laquelle s'accomplit l'avance des armées allemandes en 1940, leur victoire-éclair en France et la bataille d'Angleterre, extrêmement acharnée, qui suivit peu après, ont trop fait passer à l'arrière-plan et plongé dans un oubli presque complet le combat, l'héroïsme et les exploits parfois dignes d'admiration de l'armée de l'air française, en particulier la chasse, ainsi que ses lourds sacrifices et ses lourdes pertes. L'opinion la plus répandue est que, en 1940, l'aviation française s'est à peine manifestée, qu'elle a été rapidement détruite et que, ensuite, elle n'a plus joué aucun rôle. Ce sont des erreurs. Dès septembre 1939, il y eut des combats aériens, dont certains furent très violents, au-dessus de la France et de l'Allemagne. Ils ne se terminèrent aucunement toujours au bénéfice de la Luftwaffe.

« Les unités françaises de chasse, de bombardement et de reconnaissance consentirent les plus grands sacrifices, et ce le plus souvent dans un état d'infériorité technique et numérique écrasante face aux chasseurs allemands.

« La bataille de France dura environ six semaines, la bataille d'Angleterre environ le double, selon les données britanniques. Or, pendant l'unique bataille de France, les pertes des pilotes français de chasse sont très proches des pertes britanniques pendant la bataille d'Angleterre, compte tenu de la durée. La chasse français s'est donc bien battue. De fait, à la fin des combats de mai-juin 1940, 715 aviateurs allemands (équipages de bombardiers, d'avions de reconnaissance, de chasseurs, etc.) étaient prisonniers de guerre en France. Y compris le très célèbre capitaine Werner Mölders, abattu le 5 juin 1940 par le sous-lieutenant Pommier-Layrargues qui descendit un deuxième Messerschmitt 109, avant d'être touché mortellement par les rafales de neuf adversaires qui avaient uni leurs efforts contre lui. Mölders était à l'époque de loin le plus grand as allemand, avec 34 victoires homologuées.

« Les pilotes de chasse français ne possédaient pas les principaux avantages de leurs camarades britanniques lors de la bataille d'Angleterre : leurs avions étaient inférieurs, ils n'avaient aucun réseau de radar, la radio de bord fonctionnait le plus souvent très mal et surtout, contrairement à l'Angleterre, la France n'était pas protégée des chars allemands par 35 à 40 km d'eau de mer. C'est pourquoi la chasse française dut se battre dans des conditions incomparablement plus défavorables, celles d'une retraite constante des troupes au sol. Cela la contraignit sans cesse à abandonner du matériel et des avions. Malgré toute leur valeur et toute leur bravoure, les pilotes de chasse britanniques n'obtinrent pas de meilleurs résultats que leurs camarades français au-dessus des Pays-Bas, de la Belgique et du nord de la France et, bien qu'ayant fait leurs preuves en abattant de nombreux avions ennemis, ils ne purent empêcher ni l'anéantissement de leurs propres bombardiers ni le fait que les troupes britanniques furent contraintes de s'enfuir à Dunkerque.

« Lors de l'opération Paula, l'attaque en grand style de la région parisienne le 3 juin 1940, la Luftwaffe perdit environ 25 à 30 appareils. Ces chiffres sont tout à fait comparables aux pertes allemandes pour une journée d'attaque au-dessus de l'Angleterre.

« Mentionnons encore que la très grande vulnérabilité du Stuka est apparue clairement non pas seulement au-dessus de l'Angleterre mais, déjà, au-dessus de la France. Il est arrivé que des formations entières fussent anéanties au-dessus du continent par la chasse française. Cela fut oublié du fait de la bataille d'Angleterre, qui tint le monde en haleine.

« Dans les conditions le plus souvent défavorable, l'aviation français s'est battue avec acharnement et avec un très grand courage.

« Le colonel français Jean Gisclon a écrit que la bataille de France fut la première mi-temps de la bataille d'Angleterre. En effet, que serait-il advenu à la Royal Air Force (RAF) si l'armée de l'air français n'avait pas affaibli la Luftwaffe à un point tel qu'elle dut mettre à profit six semaines suivantes pour compléter ses effectifs, se réorganiser et se préparer avant que l'ordre d'attaquer l'Angleterre ne fût donné ? De son côté, la RAF tira parti de ces six semaines de pause pour préparer le plus vite possible ses forces, qui avaient beaucoup souffert, en vue du deuxième round. Elle y parvint de justesse. »[25]

*

En permettant le rembarquement du corps expéditionnaire britannique à Dunkerque par le sacrifice de plusieurs de ses divisions dans les Flandres, et la mise hors de combat d'environ 50% de l'aviation allemande, la France a joué un rôle déterminant dans la sauvegarde de la Grande-Bretagne, permettant à Churchill de poursuivre la guerre.

---

[25] Adolf Galland, *Les premiers et les derniers, les pilotes de chasse de la Deuxième Guerre mondiale*, éditions Yves Michelet 1985.

7

HITLER ET MUSSOLINI PERDENT LA GUERRE DÈS 1941

Avant même l'entrée en guerre des États-Unis en décembre 1941, l'Allemagne et l'Italie ont déjà perdu la guerre sur le long terme, suite à d'énormes erreurs tactiques et stratégiques.

Comme je l'ai déjà signalé dans le chapitre précédent, la bataille de Dunkerque (26 mai-4 juin 1940) représente un dès des tournants de la Seconde Guerre mondiale. Le corps expéditionnaire britannique, composé notamment de l'ensemble des cadres qui formeront les troupes alliées débarquant en Normandie en juin 1944, s'échappe de l'étreinte allemande par voie maritime, grâce au sacrifice de plusieurs divisions françaises. Une seule panzerdivision est engagée contre la poche de Dunkerque. Hitler, désireux de préserver ses neuf autres divisions blindées pour la seconde phase de cette campagne contre encore 60% de l'armée française, refuse d'engager tous ses chars dans cette affaire. Mais le pouvait-il réellement ? Il ne faut surtout pas oublier que la résistance héroïque de 7 divisions françaises à Lille fixe, du 28 au

31 mai, 3 panzerdivisions et 4 divisions d'infanterie. En fait, Hitler disperse ses panzerdivisions pour s'emparer des diverses poches françaises de résistance. Du 22 au 25 mai, la 2e panzerdivision attaque la poche de Boulogne, défendue principalement par deux régiments français de la 21e division d'infanterie. À Calais, du 23 au 27 mai, 3000 soldats français et un millier de soldats britanniques fixent la 10e panzerdivision dans des combats particulièrement meurtriers. Ainsi, rien qu'avec les poches de Lille, Boulogne et Calais, 5 des 10 panzerdivisions ne peuvent intervenir à Dunkerque. Quatre autres panzerdivisions, avec environ 30% à 50% de leurs chars hors de combat (détruits ou en endommagés) du 10 au 26 mai 1940, doivent observer une pause de plusieurs jours pour se reformer en effectifs, avant de reprendre l'offensive. D'autre part, les troupes françaises lancent plusieurs assauts sur la Somme, forçant l'armée allemande à engager plusieurs divisions d'infanterie, qui ne peuvent intervenir ailleurs. Enfin, du 24 au 28 mai 1940, les terribles combats de Gravelines, Bourbourg-Saint-Pierrebrouck et Watten, opposant 50 000 soldats allemands et 130 panzers à 8000 soldats français et un millier de soldats britanniques, s'avèrent également déterminant dans l'établissement d'un solide réseau défensif autour de Dunkerque.

Sur les 450 000 soldats britanniques présents en France durant cette période, 403 517 parviennent à rejoindre la Grande-Bretagne et à assurer la défense de leur pays. Winston Churchill témoigne ainsi : « La résistance héroïque de l'armée française a sauvé l'armée britannique, permettant à l'Angleterre de poursuivre la guerre ».[26] Le général allemand Guderian estime que « la bataille de Dunkerque représente un tournant de la Seconde Guerre mondiale. Si le corps expéditionnaire britannique avait été capturé à Dunkerque, Churchill aurait été contraint de conclure un armistice avec Hitler, l'Allemagne aurait pu engager la quasi-totalité de son armée contre Staline et remporter la guerre ».[27]

Donc, l'arrêt soi-disant miraculeux des 10 panzerdivisions devant Dunkerque relève de l'imposture historique la plus complète. Hitler n'a jamais chercher à ménager Churchill. Bien au contraire, après la capture du corps expéditionnaire britannique, il aurait été en position de force pour le contrainte à un armistice. En réalité, 6 des 10 panzerdivisions sont engagées dans les combats des poches de Boulogne, Calais, Lille et Dunkerque, contre principalement des troupes françaises qui opposent une résistance héroïque et efficace. Les 4 autres panzerdivisions, ayant subi de lourdes pertes, doivent être reformées en matériel. Voilà la réalité des faits ! De plus, Hitler entend ménager ses forces avant d'attaquer sur la Somme et l'Aisne début juin.

Dans le film britannique *Les heures sombres* (2017) de Joe Wright, à la gloire de Churchill, on nous explique que le corps

---

[26] *Archives militaires britanniques*, Londres. Lire également Winston Churchill, *Mémoires sur la Deuxième Guerre mondiale*, éditions La Palatine 1949.

[27] Général Guderian, *Souvenirs d'un soldat*, éditions Plon 1954.

expéditionnaire britannique a été en grande partie sauvé grâce au sacrifice de 48 chars anglais à Calais ! Le film *Dunkerque* (2017) de Christopher Nolan est de la même « veine », avec l'omniprésence des soldats britanniques, sans oublier les navires et les avions anglais, et les troupes françaises réduites à une barricade au début et à quelques fuyards par la suite : une véritable honte ! À aucun moment, il n'est fait mention dans ces deux films de la résistance héroïque des troupes françaises, ayant couvert le rembarquement de l'armée britannique. L'historiographie anglo-américaine et certains auteurs français, fascinés par l'impérialisme culturel d'Outre-Atlantique, présentent cette période avec le même esprit réducteur et partisan.

Le succès des Alliés, dans le rembarquement inespéré de leurs troupes à Dunkerque en mai-juin 1940, est suivi par la bataille aérienne d'Angleterre (août-novembre 1940), marquée par la mort de 487 pilotes britanniques et de 2662 pilotes allemands, la destruction de 1023 avions britanniques et de 1616 avions allemands. L'aviation britannique, bien que réduite à 1396 avions dont 1095 chasseurs contre 3358 avions allemands dont 1223 chasseurs le 10 août 1940, remporte une des victoires décisives de la Seconde Guerre mondiale, condamnant l'Allemagne à la guerre sur plusieurs fronts. Il est important de rappeler qu'en six semaines de combat en mai-juin 1940, l'aviation allemande perd 1428 avions contre principalement l'armée de l'air française, tandis qu'elle déplore 1616 avions abattus en quatre mois contre la Grande-

Bretagne. Que serait-il arrivé si l'aviation allemande avait disposé, au moment de la bataille d'Angleterre, des 1428 avions perdus en mai-juin 1940 ? La place de la France dans l'échec allemand contre la Grande-Bretagne en 1940, systématiquement négligée, est donc loin d'être secondaire. Durant la bataille d'Angleterre, Hitler va commettre la lourde erreur de stopper les efficaces bombardements aériens des terrains et des infrastructures militaires britanniques, pour s'en prendre à des objectifs civils, alors que l'aviation anglaise se trouvait à deux doigts de capituler.

L'Italie, alliée de l'Allemagne, multiplie également les erreurs tactiques et stratégiques en Méditerranée et dans les Balkans en 1940-1941. L'armée italienne, pauvrement équipée, n'est pas en mesure d'affronter des force alliées modernes et mécanisées, malgré l'indéniable courage de ses soldats. Ses défaites en Égypte et en Libye contraignent l'Allemagne à lui envoyer plusieurs divisions motorisées et blindées, sans oublier la difficile campagne contre la Grèce, obligeant également Hitler à intervenir en faveur de Mussolini. Ainsi, une cinquantaine de divisions italiennes et allemandes sont fixées en Afrique, ainsi que dans les Balkans en 1941-1943, au détriment du front de l'Est contre l'armée soviétique. Une dispersion des troupes qui sera fatale à Hitler, manquant à la longue d'effectifs suffisants contre la puissante armée de Staline.

En 1940-1941, Hitler et Mussolini multiplient les erreurs tactiques et stratégiques, condamnant à la longue leurs forces armées à la défaite. Avant même l'invasion de la Russie soviétique, les deux dictateurs, malgré des succès éclatants sur le terrain, se trouvent dans une situation compliquée : dispersion des divisions sur plusieurs théâtre de guerre, poursuite de la guerre de l'empire britannique, aviation allemande affaiblie par les batailles de France et d'Angleterre. Les victoires allemandes retentissantes contre l'armée soviétique de l'été et de l'automne 1941 ne doivent pas faire illusion, Staline dispose de nombreux atouts : un territoire immense permettant d'efficaces replis tactiques et stratégiques, d'inépuisables réserves humaines et matérielles, sans oublier des hivers paralysant la progression des panzerdivisions. L'armée allemande va finalement s'épuiser sur le front soviétique, en y perdant la majorité de ses troupes dans un lutte sans fin.

Ainsi, avant même la participation active des Américains au conflit à partir de 1943 contre l'Allemagne et l'Italie, les Alliés français, britanniques, soviétiques et autres ont déjà largement contribué à la défaite germano-italienne. La palme d'or revenant bien entendu à l'armée soviétique, comme nous allons le découvrir dans un chapitre suivant.

8

MUSSOLINI A-T-IL FAIT PERDRE LA GUERRE À HITLER ?

Certains auteurs occidentaux « accusent » souvent Mussolini d'avoir fait perdre la guerre à Hitler. Il est vrai que durant la plus grande partie de l'entre-deux-guerres, le chef de l'Italie fasciste ne cache pas son hostilité à l'expansionnisme allemand. Mussolini, ancien combattant de la Première Guerre mondiale aux côtés des Alliés, grand admirateur de la culture française dont il parle parfaitement la langue, ami également des Britannique, en tant qu'ancien agent appointé de l'Intelligence service de 1914 à 1918, voit dans le pangermanisme la bête noire qu'il faut combattre à tout prix.

De 1922 à 1936, Mussolini montre clairement son hostilité au nazisme, en condamnant à plusieurs reprises le racisme et l'antisémitisme. Ardent défenseur de l'indépendance de l'Autriche, adversaire déclaré à toute annexion allemande de ce pays frontalier de l'Italie, il tente d'établir une solide alliance avec la France, la Grande-Bretagne et même la Russie soviétique pour encercler Hitler. Il est l'un des premiers à reconnaître officiellement la Russie soviétique, à établir des liens commerciaux avec elle et à la faire entrer à la SDN. Mais le gouvernement britannique de Chamberlain torpille les tentatives italiennes, développe une politique d'accommodement avec Hitler, méprise l'Italie et cherche à dissuader la France de s'entendre avec elle.

Première puissance coloniale mondiale, la Grande-Bretagne condamne l'invasion italienne de l'Éthiopie au nom de la morale internationale, tout en signant un accord de réarmement naval avec Hitler en juin 1935, violant ainsi les principes même du traité de Versailles de 1919. Dégoûté, Mussolini finit en apparence par se tourner vers Hitler. Cependant, il tente à plusieurs reprises de maintenir des liens amicaux avec la France et la Grande-Bretagne. Nullement dupe du jeux du dictateur allemand, il essaie de retarder tout conflit en Europe par une alliance militaire uniquement défensive avec l'Allemagne. Il croit ainsi pouvoir contrôler Hitler et se trompe lourdement. Le gouvernement français du Front populaire de Léon Blum refuse tout accord avec Italie, voyant en Mussolini un plus grand danger que le nazisme ! Winston Churchill, alors écarté du pouvoir, qualifie cette période de désastre diplomatique.

Instigateur des accords de Munich en septembre 1938, Mussolini sauve pour un temps la paix en Europe, au détriment de la Tchécoslovaquie, dont la partie germanophone du territoire est annexée par Hitler. Certains auteurs estiment cependant que l'Allemagne n'aurait pu résister militairement à une offensive de l'armée française, menée conjointement avec l'armée tchécoslovaque, en septembre 1938. Nous sommes en plein délire ! Comment l'armée française de septembre 1938, forte d'une unique division mécanisée et d'une infanterie purement défensive, avec une aviation désuète et numériquement inférieure, aurait-elle pu attaquer l'armée allemande, disposant déjà à l'époque de six divisions blindées, d'une infanterie entraînée à l'offensive, d'une aviation moderne et plus nombreuse ? Ces auteurs estiment que la Russie soviétique serait intervenue contre Hitler, en passant par la Pologne : or ce pays, totalement hostile à Staline et au communisme, refuse toute présence militaire soviétique sur son territoire, même temporaire.

Bien que plus puissante en septembre 1939, l'armée française est incapable, même avec l'aide britannique, de soutenir la Pologne par une vaste offensive. Elle doit attendre défensivement plusieurs mois, pour finalement subir de plein fouet l'offensive allemande de mai 1940 : bien que forte de six divisions blindées (3 divisions mécanisées et 3 divisions cuirassées), puis renforcée par une 4e division cuirassée et une division blindée britannique, la France est cependant vaincue en six semaines par 10 panzerdivisions et une aviation allemande plus puissante. Que se serait-il passé en septembre 1938 ? l'armée française n'aurait pas résisté six semaines comme en mai-juin 1940, mais une à deux semaines au plus ! Quant à l'armée tchécoslovaque de septembre 1938, forte seulement de 160 000 soldats d'active et de 536 chars modernes (contre 731 000 soldats allemands d'active et 2486 panzers), elle n'aurait certainement pas fait mieux que l'armée polonaise en septembre 1939, pourtant plus nombreuse. L'armée tchécoslovaque doit en plus défendre un territoire indéfendable de 2000 kilomètres, avec des fortifications en partie incomplètes et certains contingents « tchécoslovaques » d'origines allemandes, hongroises et polonaises hostiles à ce pays artificiellement créé au traité de Versailles en 1919. Il est donc indéniable qu'en faisant repousser la guerre d'une année, Mussolini a rendu un immense service à la France et à la Grande-Bretagne.

En août 1940, l'aviation britannique, en grande partie reconstituée après la bataille de France de mai-juin 1940, peut affronter avec efficacité une Luftwaffe, affaiblie par l'armée de l'air française. Que pouvait donc faire la Grande-Bretagne en septembre 1938 pour soutenir la Tchécoslovaquie, avec une aviation largement vétuste et numériquement très inférieure ? Pas grand-chose !

Bien qu'ayant signé une alliance militaire avec l'Allemagne, Mussolini n'entre pas en guerre en septembre 1939, en justifiant l'impréparation militaire réelle de son pays et surtout en rappelant que le Führer s'est engagé à éviter tout conflit en Europe durant plusieurs années. C'est finalement sous la menace à peine déguisée du dictateur allemand d'envahir l'Italie, lors d'une rencontre au Brenner en mars 1940, que Mussolini envisage d'entrer en guerre contre la France et la Grande-Bretagne. Il attend cependant encore plusieurs mois. La défaite militaire française est pour lui une immense surprise. Il décide de s'engager dans le conflit le 10 juin 1940, au moment où le sort de la France semble être réglé. Il estime que sans l'aide de l'armée française, réputée être l'une des plus puissantes du monde, la Grande-Bretagne sera contrainte également de demander un armistice à Hitler. Sachant que l'armée italienne, pauvrement équipée, n'est pas en mesure de mener une guerre de longue durée, il espère remporter facilement des succès militaires contre deux adversaires très affaiblis par les forces armées allemandes. Sous-estimant la volonté de Churchill de poursuivre la lutte, Mussolini engage son pays dans une entreprise funeste et désastreuse sur le long terme.

Dès la fin juin 1940, Mussolini aurait pu occuper l'île britannique de Malte, hautement stratégique et pratiquement sans défense, de même que tenter un débarquement en Égypte, alors très faiblement défendu. Il préfère engager ses troupes dans une offensive suicidaire dans les Alpes, contre la puissante ligne Maginot alpine, où ses vaillants soldats se font massacrer, en perdant plus de 6000 hommes (tués, blessés, disparus) en quelques jours seulement, contre 254 soldats français. Les gains territoriaux sont limités à quelques vallées alpines et à la ville de Menton.

L'opération militaire italienne contre la Grèce d'octobre 1940 aurait, d'après certains auteurs, causé la perte de l'Allemagne hitlérienne, contrainte de repousser de trois mois l'invasion de la Russie soviétique, pour voler au secours de Mussolini en difficulté dans les Balkans, si bien que les panzerdivisions seront bloquées par le froid devant Moscou en décembre 1941. Or, nous savons que la steppe russe transformée en bourbier par des pluies diluviennes, en mars et avril 1941, avait déjà contraint le commandement allemand à repousser à la fin juin l'invasion de ce vaste territoire. De plus, Hitler pouvait-il se permettre d'attaquer Staline, sans avoir sécurisé les Balkans généralement favorables à la Russie et plus anglophiles que germanophiles ? Le gouvernement yougoslave ne cachait pas ses sympathies pour la Grande-Bretagne, de même que la Grèce. En avril 1941, en fixant 16 divisions grecques sur le front d'Albanie, l'armée italienne permet à la Wehrmacht de remporter un succès facile contre les 5 divisions grecques qui lui sont opposées. L'armée yougoslave, attaquée à la fois par l'Italie, l'Allemagne et la Hongrie, s'écroule en seulement quelques jours, lors d'une campagne-éclair. Ces opérations n'affaiblissent en rien les troupes allemandes qui peuvent ensuite se repositionner sur le futur front de l'Est. Cependant, l'occupation des Balkans nécessite la présence d'une trentaine de divisions italiennes, qui vont manquer ailleurs, sans oublier une dizaine de divisions allemandes. La capitulation italienne en septembre 1943, contraint Hitler à engager 61 divisions allemandes pour défendre les Balkans et l'Italie.

En Afrique du Nord, la majorité des troupes de l'Axe sont italiennes, permettant à Hitler d'envoyer seulement une poignée de divisions jusqu'en mai 1943. Mais il s'agit de troupes d'élites qui vont manquer contre la Russie. Les habiles opérations commandos britanniques en Scandinavie obligent Hitler à déployer 17 divisions pour sécuriser la Norvège et le Danemark.

Le 5 juin 1944, à la veille du débarquement des Alliés en Normandie, l'occupation de la France, des Pays-Bas et de la Belgique nécessite la présence de 62 divisions allemandes. Ainsi, début juin 1944, 140 divisions allemandes sont déployées en dehors du front russe. Au même moment (début juin 1944), 211 divisions allemandes sont opposés à 385 divisions soviétiques sur le front de l'Est.

Il ne fait donc aucun doute que la dispersion de 61 divisions allemandes dans les Balkans et en Italie a pesé lourd dans la défaite allemande, sans oublier les 79 autres divisions allemandes présentes en France, aux Pays-Bas, en Belgique, au Danemark et en Norvège. Si l'Allemagne avait vaincu la Grande-Bretagne dès l'été 1940, elle aurait pu engager la totalité de ses forces contre la Russie, faisant passer ses divisions de 211 à 351 contre Staline début juin 1944 : soit 351 divisions allemandes contre 385 divisions soviétiques, un rapport équilibré des forces en présence. Plus que la défection italienne de septembre 1943 et certains revers italiens en 1940-1943, c'est bien l'échec militaire allemand contre la Grande-Bretagne en 1940 qui contraint Hitler à soustraire 140 divisions pour sécuriser ses côtés maritimes de la Norvège à la Grèce : 140 divisions qui vont manquer sur le front russe.

Le sauvetage du corps expéditionnaire britannique à Dunkerque en mai-juin 1940, grâce à l'héroïque résistance de plusieurs divisions françaises, l'échec allemand de la bataille d'Angleterre d'août-octobre 1940 contraignent Hitler à la dispersion de ses divisions sur plusieurs fronts, pour lutter à la fois contre l'empire britannique et la Russie soviétique, avant même le débarquement des Américains en Normandie en juin 1944, débarquement qui sera composé à 60% de troupes britanniques, canadiennes et françaises libres, sans oublier celui de Provence en août 1944, fort à 60% de troupes françaises, équipées il est vrai en grande partie de matériel américain.

Comme on peut le constater par les chiffres et les faits historiques irréfutables, plusieurs facteurs ont joué dans la défaite allemande. Accuser uniquement Mussolini et l'Italie d'avoir causé la perte de l'Allemagne relève de l'imposture historique. Certains généraux allemands et dignitaires nazis italophobes, cherchant à se dédouaner de leurs propres erreurs, ont avancé cette thèse plus que douteuse, reprise également par certains « historiens » fascinés par les casques et les uniformes allemands...

D'autre part, la participation militaire italienne aux côtés de l'Allemagne n'a pas été qu'une suite de revers. Bien au contraire ! La première offensive italienne de septembre 1940 en Égypte permet une progression d'une centaine de kilomètres en territoire égyptien. La guerre en Afrique orientale (Érythrée, Somalie et Éthiopie) de 1940 à 1941, menée exclusivement par des troupes italiennes sans l'aide allemande, fixe 170 000 soldats britanniques, lors de combats souvent terribles, comme notamment la bataille de Keren, en Érythrée, opposant une unique division italienne à deux divisions britannique et une brigade de la France libre. Au sujet de la résistance héroïque et méconnue des troupes italiennes en Afrique orientale durant la Seconde Guerre mondiale, l'historien britannique Compton Mackenzie écrit avec justesse : « Keren fut une des batailles les plus dures de la guerre de 1939-1945, et il doit être dit que jamais les Allemands et les Japonais ne combattirent avec la même détermination que les bataillons italiens d'alpini, de bersaglieri et de grenadiers de la division Savoia à Keren. La propagande de guerre britannique dépeignait les Italiens comme des soldats ridicules : or aucun ennemi qu'affrontèrent les troupes britanniques ne se battit avec autant de courage que les bataillons italiens à Keren, sans oublier les redoutables régiments italiens de cavalerie en Érythrée, en Éthiopie et en Somalie. De plus, les troupes coloniales italiennes luttèrent avec la même valeur et la même détermination, et leur loyauté fut un témoignage de l'excellence de l'administration italienne et de l'entraînement militaire en Érythrée. »[28]

L'héroïque résistance des troupes italiennes en Albanie en 1940-1941, luttant à un contre deux contre l'armée grecque durant plusieurs mois sur un difficile front montagneux et sous un froid

---

[28] *Archives militaires britanniques*, Londres.

terrible, contraignent Churchill à envoyer dans les Balkans 2 divisions et 2 brigades, qui vont manquer en Libye lors de la victorieuse contre-offensive germano-italienne en mars-avril 1941. Toujours en Libye, la division blindée italienne Ariete et le régiment Giovani Fascisti repoussent les assaut de 2 divisions et 2 brigade britanniques, lors de la bataille de Bir el-Gobi en novembre-décembre 1941, couvrant ainsi le front sud des forces allemandes du général Rommel, qui ne tarit pas d'éloges pour la brillante conduite des troupes italiennes. La rapide conquête des Balkans en avril 1941 est assurée en grande partie par l'armée italienne qui fixe en Albanie 16 divisions grecques sur 21 mobilisées, sans oublier sa participation victorieuse à l'invasion de la Yougoslavie.

Lors de l'offensive de Rommel en mai-juin 1942 en Libye et en Égypte, la participation militaire italienne est importante, avec la majorité de l'infanterie et la moitié des chars engagés. Les prises et Tobrouk et de Mersa Matrouh sont surtout assurées par des troupes italiennes motorisées, dont plusieurs régiments de bersaglieri qui luttent comme des lions. Le succès de cette offensive repose largement sur la maîtrise de la Méditerranée par la flotte italienne qui permet l'arrivée d'importants renforts allemands et italiens en Libye. Cette victoire stratégique maritime est liée en grande partie à l'exploit d'un commando de nageurs italiens de combat de la Decima Mas du prince Valerio Borghese qui, en décembre 1941 dans la baie d'Alexandrie en Égypte, coule les deux uniques cuirassés britanniques de 32 000 tonnes chacun (*Le Valiant* et *Le Queen Elisabeth*), alors présents en Méditerranée. La perte de ces deux fleurons de la Royal Navy permet à Mussolini de maitriser la Méditerranée durant plusieurs mois.

Cette victoire italienne est en plus complétée par la bataille aéronavale de Pantelleria en juin 1942, durant laquelle la flotte italienne de l'amiral Iachino, soutenue par des avions torpilleurs également italiens (aerosiluranti), coulent 1 croiseur, 4 contre-torpilleurs et 6 cargos britannique, puis endommagent une dizaine de navires alliés, pour la perte limitée d'un croiseur italien. En Méditerranée, de juin 1940 à septembre 1943, les aerosiluranti mènent des attaques audacieuses contre la puissante flotte alliée, coulent une cinquantaine de navires et endommagent une centaine d'autres.

De juin 1940 à septembre 1943, l'aviation italienne abat 2522 avions alliés. Il convient d'y ajouter environ 240 autres avions alliés descendus par la chasse italienne, luttant aux côtés des Allemands, de janvier 1944 à avril 1945. Ainsi, 2762 avions alliés ont été victimes de l'aviation italienne de juin 1940 à mai 1945. Ce total n'inclut pas les avions alliés détruits au sol, ni ceux abattus par la DCA italienne.

Dans l'Atlantique, 32 sous-marins italiens de la base sous-marine de Bordeaux-Bacalan envoient par le fond 124 navires alliés, de septembre 1940 à septembre 1943, tout en déplorant dans leurs rangs la perte de 15 submersibles et de 751 sous-mariniers. Un réel succès de la marine italienne.

Lors de la bataille d'El Alamein en Égypte, de juillet à novembre 1942, la majorité des troupes de Rommel sont italiennes. La division parachutiste Folgore, réduite à environ 6000 hommes, repousse héroïquement, durant près de cinq mois, 60 000 soldats et 600 chars alliés ! Le général britannique Hugues, commandant les troupes alliées luttant contre les parachutistes italiens, déclarera à l'issue de cette bataille « n'avoir jamais rencontré de meilleurs soldats durant toute sa carrière militaire que ceux de la division Folgore ».[29]

Durant cette même bataille d'El Alamein de 1942, la division blindée italienne Ariete fait l'admiration du maréchal Rommel. Le 3 novembre, elle reçoit l'ordre de contre-attaquer. Après un combat inégal de plusieurs heures, chars Fiat-Ansaldo M13/40 de 13 tonnes contre Sherman de 32 tonnes, l'Ariete est anéantie : « Au sud-est et au sud du PC, écrit le maréchal Rommel, on apercevait d'immenses nuages de poussière. Ils marquaient l'endroit où se déroulait une lutte désespérée entre les petits chars de l'Ariete et une centaine de chars lourds britanniques, qui avaient débordé le flanc droit des unités italiennes. Ainsi que me le signala par la suite le commandant von Luck, que j'avais envoyé avec sa

---

[29] *Archives militaires britanniques*, Londres.

compagnie obturer la brèche ouverte entre les Italiens et l'Afrikakorps, les troupes italiennes, qui, à ce moment, constituaient le gros de nos formations blindées, firent preuve d'une remarquable bravoure. Dans la mesure de ses moyens, von Luck avait tenté d'intervenir, mais il n'avait pu, malgré tout, modifier le destin de l'Ariete. L'un après l'autre, les chars explosaient ou prenaient feu, cependant que les positions tenues par l'infanterie italienne étaient pilonnées par l'artillerie ennemie. Vers 15 h 30, nous parvint le dernier message radio de l'Ariete : "Chars ennemis ont réussi une percée au sud du secteur tenu par l'Ariete. L'Ariete est tournée. Sommes actuellement à cinq kilomètres au nord-ouest de Ber el-Abd. Les blindés de l'Ariete poursuivent le combat." Le soir du 4 novembre, après une lutte héroïque, l'Ariete fut anéantie. La destruction de l'Ariete signifiait la perte de nos plus anciens camarades de combat italiens ; nous leur avions toujours demandé plus d'efforts qu'ils ne pouvaient en fournir avec leur armement défectueux. Malgré cela, l'Ariete ne m'a jamais déçu. Si le soldat du Reich a étonné le monde par sa bravoure, le bersaglier italien a étonné le soldat allemand par son héroïsme. »[30]

Le sacrifice de plusieurs divisions italiennes, à El Alamein, permet à Rommel de faire retraiter les troupes allemandes jusqu'en Tunisie et de livrer durant encore plusieurs mois la guerre en Afrique du Nord, contre des forces alliées nettement supérieures en

---

[30] Maréchal Rommel, *La Guerre sans haine*, éditions Amiot-Dumont 1952.

nombre. Cette campagne de Tunisie est en plus menée majoritairement, dans le camps de l'Axe, par des troupes italiennes qui luttent avec une bravoure extraordinaire. Le maréchal britannique Alexander écrit à ce sujet : « En Tunisie, l'ennemi contre-attaque continuellement et réussit à arrêter notre avance au prix de très lourdes pertes. Nous remarquons que les Italiens se battent particulièrement bien, même mieux que les Allemands qui sont en ligne avec eux. Malgré de sévères pertes infligées par nos barrages d'artillerie, l'ennemi persiste dans ses contre-attaques, et il devient évident qu'une avance dans ce massif inextricable, celui des montagnes tunisiennes, sera coûteuse. »[31]

Le 16 mars 1943, la 8e armée britannique, du général Montgomery, lance une puissante offensive contre la 1ère armée italienne du général Messe, défendant la ligne fortifiée Mareth sur le front tunisien. On constate une fois de plus que les unités italiennes (divisions Pistoia, Spezia, Trieste, Giovani Fascisti, Centauro, brigade Imperiali, régiments Lodi et Nizza Cavalleria) représentent la grande majorité des troupes de l'Axe sur la ligne de front, alors que les troupes allemandes sont réduites (90e division motorisée et 21e et 15e panzerdivisions). En terme d'effectifs, la supériorité britannique est écrasante : 160 000 hommes, 610 chars, 1410 pièces d'artillerie, 803 avions. Le général Messe ne peut

---

[31] *Archives militaires britanniques*, Londres.

opposer que 80 000 hommes, 150 chars, 640 pièces d'artillerie et 123 avions.

Malgré la disproportion des forces en présence, la 8ᵉ armée britannique échoue du 16 au 27 mars 1943 face à la 1ʳᵉ armée italienne, dont les soldats rivalisent de bravoure. Au nord, la 1ʳᵉ divisions blindée américaine, qui engage 3000 hommes appuyés par des chars, ne parvient pas à avoir raison de 270 soldats italiens et 80 allemands près de Maknassy. L'objectif de Montgomery d'anéantir sur ses défenses la 1ʳᵉ armée italienne est un échec cuisant, qui lui coûte 200 chars. Messe parvient non seulement à éviter l'encerclement de son armée, mais peut la faire retraiter sans danger vers le fleuve Akarit.

À Takruna, un bataillon italien du 66ᵉ régiment d'infanterie, une compagnie des grenadiers de Sardaigne et les deux compagnies survivantes de la division Folgore résistent pendant plusieurs jours à tout un corps d'armée britannique. Le général néo-zélandais Freyberg doit avouer que « les unités italiennes montrent un mordant remarquable, dont ils forcent l'admiration de la 8ᵉ armée britannique. L'approche de la défaite renforce encore l'élan des unités d'élite comme les bersaglieri ».[32]

Grâce à ces nombreux sacrifices, les troupes de l'Axe peuvent encore reculer vers le nord sans danger, sur une nouvelle

---

[32] *Archives militaires britanniques*, Londres.

ligne de défense d'Enfidaville jusqu'au Djebel Mansour : 215 kilomètres de front. Durant toute le mois d'avril 1943, le général Messe parvient à contenir l'offensive alliée. Montgomery doit interrompre l'attaque de sa 8ᵉ armée contre la ligne d'Enfidaville.

Le colonel suisse Eddy Bauer, spécialiste reconnu de la Seconde Guerre mondiale, écrit : « Le général Messe, qui avait vraiment galvanisé ses troupes par son exemple et sa capacité, et qui avait repoussé deux sommations des Alliés n'avait plus, dans ces conditions, qu'à obtempérer à l'ordre de Mussolini qui lui télégraphiait le 12 mai à 18 h 45 : "Cessez le combat. Vous êtes nommé maréchal. Honneur à vous et à vos preux !" Le feu s'éteignit donc en Afrique dans la matinée du lendemain, et l'on relèvera que le nouveau maréchal d'Italie trouva auprès du général Montgomery le traitement que méritaient à tous égards, sa forte personnalité militaire et son caractère chevaleresque. »[33]

D'avril 1941 à septembre 1943, 30 divisions italiennes, positionnées dans les Balkans luttent quasiment seules, contre les puissants maquis locaux, soulageant ainsi l'armée allemande engagée ailleurs, notamment eu Russie.

Sur le front russe, l'armée italienne est également présente avec une douzaine de divisions (230 000 hommes de la 8e armée), dont l'excellent corps alpin avec ses divisions d'élite Julia,

---

[33] Eddy Bauer, *La Guerre des blindés*, éditions Payot 1962.

Cuneense et Tridentina. Tenant un front de 300 kilomètres sur le Don durant l'été 1942, au sud de la Russie, les troupes italiennes luttent avec bravoure en repoussant plusieurs attaques soviétiques. Le Don offre à la 8ᵉ armée italienne, durant l'automne 1942, une défense de 2 à 10 mètres de profondeur et de 5 à 10 mètres de large ; mais avec l'hiver, il se transforme en un fleuve de glace où même les chars peuvent se risquer sans danger. Les Italiens ont établi une ligne de défense avec des tranchés, des abris, des barbelés et des casemates. Les 380 canons antichars italiens de 47 mm se révèlent impuissants contre l'épais blindage des chars russes T34, sauf en les frappant aux chenilles. Enfin, l'hiver qui s'abat sur les unités italiennes est terrible.

Le capitaine Cassandrini nous a laissé un extraordinaire récit du calvaire des soldats italiens sur le Don durant l'hiver 1942-1943 : « Nous nous rassemblions autour des poêles d'argile ; nous nous regroupions dans un même abri. Épaule contre épaule, nous attendions. Puis il fallait sortir, la respiration gelait. Elle formait sur la barbe des grumeaux blancs, comme de grosses dents. Le vin gelait. Le corps gelait et le sang sous la peau paraissait couler glacé ; peau qui restait collée à l'acier, laissant les doigts et les paumes dépouillés, à vif, peau comme un gant arraché. Les jambes devenues pierres, les doigts qui se fragmentaient, restant dans les chaussures comme des morceaux de matière. Le silence. Nous sortions pour quelques minutes. Le temps d'un tour de garde. Long comme une agonie. La glace sur le Don, réfléchissant le ciel bas. Désormais les chars pouvaient passer. »[34]

C'est sous −40° que les soldats de Mussolini attendent l'offensive soviétique. L'orage qui gronde éclate d'abord sur les 3ᵉ et 4ᵉ armées roumaines et non sur les Italiens, le 10 novembre 1942, ce qui entraîne rapidement l'effondrement du front et l'encerclement des troupes allemandes du général von Paulus à Stalingrad. À la suite de la déroute roumaine, le front se stabilise à l'ouest du Don. De l'est vers l'ouest, le nouveau dispositif comprend les débris de la 3ᵉ armée roumaine, le détachement allemand du général Hollidt, la 8ᵉ armée italienne et la 2ᵉ armée hongroise. Dans la journée du 12 décembre 1942, Hitler estime que l'attaque russe va se porter sur l'armée italienne, où il n'existe aucune unité blindée allemande disponible pour la soutenir. Les 12 divisions italiennes sont étirées sur 300 kilomètres, soit une densité de troupes particulièrement faible.

Le 16 décembre 1942, le général russe Golikov attaque avec 15 divisions d'infanterie, 2 corps blindés de la Garde, 1 brigade blindée, 2 régiments blindés indépendants et 12 bataillons motorisés le secteur qui est défendu par le 2ᵉ corps d'armée italien (divisions Ravenna et Cosseria) : 300 000 soldats soviétiques contre 28 000 soldats italiens ! C'est le choc de la massue contre le

---

[34] *Archives militaires italiennes*, Rome.

pot d'argile. Les 2000 chars russes, pour la plupart des T34 flambant neufs de la 1ère armée de la Garde, font littéralement voler en éclats les positions italiennes. Le 2e corps italien, qui lutte farouchement pour défendre ses positions, perd 10 000 hommes en une heure ! Le général Renato Dario Lupa, commandant de la division Ravenna, se fait bravement tuer au milieu de ses hommes.

Le lendemain, la foudre tombe sur le 35e corps italien qui est attaqué par l'armée russe du général Vatoutine, forte de 800 chars. Le 35e corps italien parvient cependant à se dégager et évite même l'encerclement. L'héroïque division Sforzesca retraite dans la neige, sous un froid épouvantable et défend avec les soldats allemands le verrou vital de Millerovo. Durant 18 jours, la division Sforzesca oppose une résistance admirable, avec d'autres unités italiennes. Le capitaine Vittorio Luoni, qui s'est déjà distingué en Albanie, organise des sections d'assaut. Ces troupes d'élite mettent en échec les assauts soviétiques. Sous –40°, les arditi de Luoni contre-attaquent à la baïonnette et à la grenade un ennemi très numériquement supérieur. Les alpini de la division Julia et du bataillon Monte Cervino viennent épauler les fantassins italiens, défendant un important carrefour, constitué par les localités de Selenyar, Komarov, Ivanovka, Deresovka et Kriniknaïa, qui défendent le flanc droit des unités de l'Axe.

Pendant un mois, les alpini, juchés sur les caisses de quelques blindés allemands, luttent comme des lions pour défendre des positions d'une grande importance stratégique. Le général allemand Guderian, admiratif devant tant de courage, écrit que « les divisions alpines italiens sont les seules formations d'infanterie qui enthousiasment un militaire. »[35] Le général allemand Eibl ne tarit pas d'éloges à l'égard des alpini : « Mes panzers sont les chasseurs alpins italiens. »[36] À un contre dix, les alpini, les bersaglieri, les arditi (troupes d'assaut) et les fantassins italiens tiennent, mais à quel prix. Le bataillon alpin Aquila ne compte plus que 290 soldats et 3 officiers valides sur les 1600 soldats et 53 officiers présents au début des combats ! Les autres unités italiennes ont subi des pertes aussi lourdes ! L'aviation italienne intervient dans la bataille, en abattant 88 appareils soviétiques pour la perte de 15 chasseurs de son côté. Les divisions Ravenna, Torino, Celere, Pasubio et Sforzesca, encerclées pour un temps, luttent durement pour s'ouvrir un passage vers les lignes amies, en affrontant divers barrages russes. Elles parviennent à atteindre les nouvelles positions allemandes au début du mois de janvier 1943. Les débris de la 8ᵉ armée italienne s'accrochent entre le Donetz et le Don.

Le corps alpin italien, en grande partie intact, occupe le Don de Kalitva à Balka, où commence le front de la 2ᵉ armée hongroise. Cette dernière est rapidement écrasée par une offensive en règle des Russes, si bien que le corps alpin italien se trouve menacé par une

---

[35] *Archives militaires allemandes*, Fribourg-en-Brisgau.

[36] *Archives militaires allemandes*, Fribourg-en-Brisgau.

vaste manœuvre d'encerclement de l'Armée rouge. La division Julia couvre la manœuvre des divisions Cuneense et Tridentina qui doivent enfoncer les positions soviétiques. Pendant quinze jours de lutte sauvage, sous un froid sévère, au milieu des chars ennemis, 55 000 alpini se dirigent en direction du Donetz.

Sur cette retraite, aussi tragique que celle de l'armée de Napoléon en 1812, Fulvio Pedrazzini témoigne : « Nous avons abandonné nos abris et leur chaleur précaire et nous avons marché dans la neige, une neige glacée, hérissée de lances. Lorsque le vent soufflait, une grêle d'aiguilles nous déchirait la peau du visage. Notre immense colonne s'étendait sur la steppe gelée, à perte de vue. Un mulet tombait, épuisé, des hommes se précipitaient dessus, arrachaient la viande crue pour la mordre. Nous traversions des villages, où les cris des blessés entassés dans des isbas qui brûlaient nous rendaient presque fous. Il fallait se battre à la grenade contre les tanks russes qui écrasaient nos traînards sur la glace, les laissant comme une tache noire dans le sol. Des camions passaient devant nous, chargés de soldats allemands qui tiraient sur ceux d'entre nous qui voulaient monter ou s'agripper. Les alpini qui tombaient épuisés ne se relevaient pas et devenaient durs comme de la pierre. C'était affreux, j'avais l'impression de vivre en enfer. »[37]

---

[37] *Archives militaires italiennes*, Rome.

Le 25 janvier 1943, le général italien Nasci donne l'ordre à son corps d'armée alpin de forcer, à Nikolajewka, l'encerclement soviétique. La bataille de Nikolajewka, qui a opposé la division Tridentina à deux divisions sibériennes, est un des plus étonnants faits d'arme de la Seconde Guerre mondiale. Le général Reverberi, commandant de la Tridentina, monte sur la carcasse d'un char allemand et se met à crier : « Tridentina avanti ! » Les alpini, qui ont marché jours et nuits sous un froid polaire, le ventre presque vide, les membres gelés, les vêtements parfois en lambeaux, se redressent subitement, galvanisés par l'appel de leur général. L'incroyable se produit ! Le bataillon Edolo charge à la baïonnette les positions soviétiques, défendues par des orgues de Staline et des mitrailleuses lourdes. L'Edolo est bientôt suivi par tous les autres bataillons de la Tridentina. C'est une charge furibonde et sanguinaire. Des centaines d'alpini s'écroulent frappés à mort par les tirs des armes ennemies. Mais les autres continuent d'avancer, avec une seule idée en tête : passer ! Les officiers à la tête de leur bataillon crient : « Avanti Tridentina ! Viva l'Italia ! » Pendant dix heures, vague par vague, la Tridentina tente de briser l'étau soviétique. Elle y parvient finalement le 26 janvier 1943 et sauve ainsi par son héroïsme le corps alpin de l'anéantissement. Les Soviétiques, bousculés, se dispersent dans la steppe enneigée.

Les drapeaux des divisions Tridentina, Julia et Cuneense recevront la médaille d'or de la Valeur militaire. Du Don à Nikolajewka, les alpini ont parcouru à pied une distance de 400 kilomètres et enfoncé à onze reprises les positions soviétiques. La division Tridentina a perdu sur le front russe 9790 soldats (60% de ses effectifs), la division Cuneense 13 470 soldats (80% de ses effectifs). La division Julia, partie pour la Russie avec 16 000 hommes, reviendra en Italie avec 3200 survivants ! L'ensemble de la 8ᵉ armée italienne accuse des pertes terribles : 197 120 soldats hors de combats (89 838 tués, 43 282 blessés, 64 000 disparus et prisonniers) sur un effectif d'environ 230 000 soldats ! Les pertes matériels sont également très élevées : 18 177 véhicules détruits ou perdus, ainsi que 260 canons antichars, 940 canons de campagne et 55 chars.

Cette retraite par un froid horrible, au milieu des masses ennemies, achève par un haut fait de bravoure et d'endurance la participation malheureuse de l'Italie à la guerre sur le front oriental. Mussolini demande le rapatriement de ses troupes pour défendre la métropole, menacée. Le maréchal allemand Keitel refuse les moyens de transports ferroviaires : c'est à pied, 1000 kilomètres sur des routes épuisantes, que les survivants de la 8ᵉ armée italienne doivent s'extraire de la Russie.

L'histoire de l'armée italienne en Russie relève à la fois de la tragédie et de l'épopée. Le maréchal soviétique Joukov a tenu à rendre hommage au courage des soldats italiens : « Il est intéressant de constater que, lorsque les troupes de l'Axe arrivent sur les rives du Don, l'armée italienne, peu motorisée, est dans des conditions bien meilleures que l'armée hitlérienne (…) Il est juste de reconnaître que l'armée italienne a donné, sur le front russe, des preuves magnifiques de courage, de résistance et de combativité, et s'est fait massacrer, bien qu'inutilement, avec un esprit de sacrifice et un sens du devoir admirables. C'est dans les plaines de l'Ukraine que l'armée italienne fut honteusement abandonnée par les Allemands sur le front du Don pour couvrir leur propre retraite. Les alpini ont été une excellente troupe. Dans les steppes gelées du Don, les alpini se sont révélés bien supérieurs à l'infanterie allemande elle-même. »[38]

Sur les divers théâtre de guerre, où elle fut engagée, l'armée italienne a donc lutté avec bravoure, faisant souvent l'admiration de l'adversaire, mais également du commandement allemand. Les dignitaires nazis, racistes et souvent italophobes, sont souvent mal placés pour accuser le soldat italien de tous les maux. Hitler et son entourage politique et militaire sont les principaux responsables de la défaite allemande. Mussolini déconseille à plusieurs reprise Hitler de s'engager dans une guerre contre la Russie soviétique du fait de l'étendue du territoire et des importants moyens humains et militaires de ce pays. Il rencontre à plusieurs reprises son homologue allemand pour lui suggérer de conclure une paix honorable avec Staline, pour engager ensuite tous ses efforts dans le conflit contre les Anglo-Américains. Le Führer, persuadé de la

---

[38] *Archives militaires russes*, Moscou.

supériorité raciale des Germains sur les Slaves, n'a que faire des conseils de son allié italien.

En juin 1942, Mussolini prépare l'invasion de l'île de Malte, bastion stratégique britannique en Méditerranée, or c'est Hitler et Rommel qui le poussent à annuler cette opération pourtant nécessaire pour sécuriser les transports maritimes de l'Axe de l'Italie vers la Libye, et entraver ceux des Alliés vers l'Égypte. Sans avoir reçu les renforts nécessaires pour conquérir l'Égypte, Rommel s'élance à la conquête du Caire, avec des forces insuffisantes, en partie décimées par les récents combats, allongeant dangereusement ses lignes de ravitaillement. Il n'écoute par le commandement italien qui lui recommande, à juste titre, d'attendre l'arrivée des renforts nécessaires. Il se heurte finalement aux troupes britanniques à El Alamein, plus nombreuses et régulièrement renforcées par voie maritime. La conquête italienne de l'île de Malte aurait fortement perturbé l'envoi des renforts britanniques, mais Hitler et Rommel, médiocre stratèges, s'y sont opposés avec vigueur.

Aussi bien sur le front russe, qu'en Méditerranée et en Afrique du Nord, Hitler et son entourage politique-militaire sont les principaux responsables de la défaite du IIIe Reich : en faire porter la responsabilité à l'Italie relève de l'imposture la plus complète !

Persuadé de la supériorité raciale des Germains sur les Slaves, Hitler interdit à la presse allemande de dévoiler l'existence du remarquable char soviétique T34, car il est inexplicable, d'après les « théories » nazies, qu'un tel peuple de « sous-hommes » ait pu fabriquer et engager en masse un blindé aussi performant. Cette anecdote en dit long sur le sectarisme et l'aveuglement idéologiques du chef du IIIe Reich.

9

L'APPORT CAPITAL DE L'ARMÉE SOVIÉTIQUE DANS LA DÉFAITE ALLEMANDE 1941-1945

Quelques chiffres permettent de se rendre compte du rôle déterminant de l'armée soviétique dans la défaite du IIIe Reich. Sur les 5 318 731 soldats allemands tués durant la Seconde Guerre mondiale, 3 543 009 sont tombés au combat contre l'Armée rouge, sans oublier 363 000 prisonniers militaires allemands morts dans les camps soviétiques, portant la totalité des pertes allemandes contre l'armée soviétique à 3 906 009 morts. Le 5 juin 1944, à la veille du débarquement des Alliés en Normandie, 211 divisions allemandes sont engagées sur le front de l'Est contre 385 divisions soviétiques, tandis que 62 autres divisions allemandes sont positionnées en Hollande, en Belgique et en France pour s'opposer à un débarquement des Alliés occidentaux (américains, britanniques, canadiens et français). On compte également 78 divisions allemandes dispersées en Norvège, au Danemark, en Italie et dans les Balkans. Le front soviétique accapare à lui seul 211 des 351 divisions allemandes disponibles à cette période cruciale de la guerre.

*

Dès l'invasion de la Russie soviétique en juin 1941, l'armée allemande doit engager la majorité de ses forces, dont 3 136 000 soldats, sans oublier l'aide précieuse d'un millions de soldats finlandais, italiens, roumains, hongrois et slovaques, soit un total de 4 136 000 soldats de l'Axe, avec 4919 chars, 629 200 véhicules, 45 096 canons de campagne, 4496 pièces antiaériennes et 4006 avions, contre 3 300 000 soldats soviétiques positionnés à l'Ouest, avec 15 470 chars, 173 000 véhicules, 58 000 canons, 5833 pièces antiaériennes et 10 775 avions. La supériorité numérique en chars et en avions de l'Armée Rouge ne doit pas faire illusion. Mal commandées au début, incapables de mener efficacement des combat interarmes, sans logistique et transmissions adéquates, les troupes soviétiques, malgré un matériel souvent excellent, ne sont pas de taille contre les panzerdivisions et la Luftwaffe. La Wehrmacht, mieux motorisée, plus mobile et rapide que son adversaire nettement tributaire des chemins de fer régulièrement attaqués par l'aviation allemande, remporte des succès spectaculaires sur le terrain. De plus, le million de soldats roumains, finlandais, hongrois, italiens et slovaques libèrent la Wehrmacht de nombreux secteurs.

« Lorsqu'elle attaque l'Union soviétique le 22 juin 1941, écrit Jean Lopez et ses collaborateurs, la Wehrmacht est, de très loin, la meilleure armée au monde, sur terre comme dans les airs. Aucun observateur ne donne la moindre chance à l'Armée rouge, tant son infériorité qualitative est évidente, dans le commandement, la tactique, le combat interarmes, l'entraînement, la cohésion, facteurs plus importants que l'effet de surprise recherché, et obtenu. Les premiers jours de la campagne sont dans la droite ligne des prestations de la Wehrmacht en Pologne et en France, mais à la puissance 3 : cinq encerclements géants laissent plus de 2 millions de prisonniers, 10 000 avions et 12 000 chars sont détruits ou capturés, l'avance conduit aux portes de Leningrad, Moscou, Rostov. Pourtant, sans doute aveuglés par leur marge de supériorité intrinsèque et par des présupposés idéologiques, les chefs allemands ont commis plusieurs erreurs, qui les conduisent à l'échec final. Ils ont sous-estimé les moyens humains et matériels de leur adversaire à un point incroyable : ils s'attendaient à trouver 200 divisions, il y en aura plus de 500. Les hypothèses sur lesquelles ils ont modelé leur appareil logistique sont bien trop optimistes : dès septembre, la troupe souffre de pénuries multiples qui accélèrent son usure. Surtout, les chefs militaires et politiques allemands ont tenu pour certain que le régime bolchevique s'effondrerait avec les défaites. Le nombre de prisonniers, de déserteurs, de transfuges en tous genres alimente leur attente de l'implosion politique. En vain.

« Le régime stalinien tient bon, son chef au premier rang. Une répression impitoyable des militaires et des diverses dissidences, réelles ou supposées, une mobilisation brutale de toute la population et de tous les moyens matériels, l'appel au patriotisme russe garantissent, au milieu du chaos des défaites, que l'Armée rouge continue, toujours et partout, de contre-attaquer, que les chemins de fer évacuent 1000 usines stratégiques loin vers l'est, que du temps soit gagner pour rameuter des réserves, apprendre de l'ennemi, remodeler les unités et les tactiques. »[39]

Après une avancée spectaculaire aux portes de Moscou, la Wehrmacht est déjà sévèrement contre-attaquée par l'Armée rouge le 5 décembre 1941 et contrainte de reculer de 100 à 200 kilomètres vers l'ouest. Cette contre-offensive soviétique signe l'échec de l'opération allemande Barbarossa, prévoyant de vaincre Staline avant l'hiver. Elle laisse 80% des forces allemandes engluées dans un guerre d'usure dont elles n'ont pas les moyens.

Du 22 juin au 31 décembre 1941, l'armée allemande déplore 350 660 tués, 800 000 blessés, 43 000 disparus, contre 1 500 000 soldats soviétiques tués, 1 500 000 blessés, 3 300 000 prisonniers, dont 2 millions meurent de faim. Durant la même période, 2939 chars et 2505 avions allemands sont détruits, contre

---

[39] Sous la direction de Jean Lopez, avec Nicolas Aubin, Vincent Bernard et Nicolas Guillerat, *Infographie de la Seconde Guerre mondiale*, éditions Perrin 2018.

20 500 chars et 10 600 avions soviétiques détruits. Cette hécatombe dans les rangs soviétiques s'explique par la médiocrité générale du commandement russe au début, qui envoie trop souvent son infanterie à l'assaut par vagues répétées, sans reconnaissance, sans soutien d'artillerie. Le nombre des prisonniers soviétiques s'explique par cinq encerclements. Mais les ressources militaires et humaines de l'Armée rouge sont illimitées, malgré l'énormité des pertes : au début de l'offensive de juin 1941, la Wehrmacht affronte 213 divisions soviétiques, le 31 décembre 1941, 580 divisions soviétiques sont mobilisées ! L'offensive allemande de 1941 s'est fondée sur l'hypothèse d'une Armée rouge forte de 150 à 200 divisions au maximum. La surprise allemande est terrible lorsque 580 divisions soviétiques sont disponibles à la fin de l'année 1941 !

Dès l'été 1942, la Wehrmacht semble reprendre la main des opérations, mais au lieu de porter un coup fatal en un lieu vital, elle se disperse en divers endroits par des offensives hasardeuses et risquées, notamment à Stalingrad. Cette gigantesque bataille fixe dans une guerre urbaine, du 11 juillet 1942 au 2 février 1943, la 6e armée allemande, soutenue en partie par la 4e armée Panzer contre la 62e armée soviétique. Habituée aux combats en campagne, la Wehrmacht s'adapte mal en zone urbaine, contre un adversaire qui s'accroche jusqu'au bout dans chaque habitation détruite, transformée en bastion. Perdant sa mobilité et sa puissance de feu supérieures, l'infanterie allemande s'épuise de jour en jour, harcelée par 500 snipers cachées dans la ville et par l'artillerie soviétique, installée sur l'autre rive de la Volga. Les panzers sont des proies faciles dans une ville à 90% détruite, où le danger peut venir de partout. Les combats livrés souvent au corps à corps gênent considérablement les bombardements de la Lutfwaffe, qui risque de toucher ses propres troupes. Stalingrad, sur laquelle Hitler s'entête au lieu d'engager l'ensemble de ses divisions pour conquérir les puits de pétrole de Caucase, devient le tombeau de sa 6e armée. Durant l'hiver 1942-1943, les brillants succès des contre-offensives soviétiques, menées à droite et à gauche de Stalingrad où sont positionnées les divisions roumaines, italiennes et hongroises, pauvrement équipées en armes antichars et en blindés, permettent l'encerclement final de Stalingrad et la capitulation de la 6e armée allemande.

Après six mois de combats acharnés, la défaite de l'Axe est totale à Stalingrad et ses environs, avec la mise hors de combat 324 301 soldats allemands (tués, blessés, prisonniers), de 197 120 soldats italiens, de 120 000 soldats hongrois et de 117 000 soldats roumains, soit un total de 758 421 soldats de l'Axe hors de combat. De son côté, l'Armée rouge déplore 1 129 619 soldats tués ou blessés. Cette campagne d'hiver de 1942-1943 sonne le glas de l'engagement militaire des principaux alliés de l'Allemagne sur le front russe. L'Italie, la Hongrie et la Roumanie ont perdu la plus grande partie de leurs forces et de leurs équipements, engagés sur le front oriental. Le comportement méprisant du commandement allemand, accusant injustement leurs alliés italiens, hongrois et roumains (dépourvus de chars et d'armes antichars en quantité) d'avoir manqué de combattivité, anéantit tout sentiment de fraternité d'armes. Si les pertes soviétiques sont plus lourdes que celles de l'Axe, elles sont cependant acceptables pour un pays capable de mobiliser des troupes nettement plus nombreuses que celles de leurs adversaires. Staline et ses chefs militaires savent désormais que l'Allemagne ne peut gagner la guerre. Mais l'Armée rouge doit encore démontrer qu'elle peut remporter la victoire finale.

Hitler n'est plus en mesure de l'emporter rapidement sur le front russe. Avec la défaite de Stalingrad, le mythe de l'invincibilité de la Wehrmacht vole en éclats. Le commandement allemand réalise pour la première fois qu'il peut perdre la guerre et son rapport de fidélité à Hitler se dégrade. Quant à l'armée soviétique, elle a surmonté ses défaites de 1941-1942, en se montrant capable de tenir en échec la Wehrmacht, considérée alors comme la première armée du monde.

Cependant, la bataille de Stalingrad n'a pas un caractère décisif dans la défaite allemande. Elle représente une étape importante dans la victoire de l'Armée rouge, qui va devoir encore livrer de nombreux combats, durant plus de deux années, pour mettre fin au IIIe Reich, avec l'aide des Alliés occidentaux.

Un des autres renversements du cours de la guerre va se jouer avec la bataille de Koursk, étalée sur 750 kilomètres de front, durant 50 jours en juillet-août 1943. La Wehrmacht entend réduire le saillant de Koursk avec 780 000 soldats, 3400 blindés, 7800 canons et 1800 avions, contre des forces soviétiques reposant sur 1 900 000 soldats, 5600 blindés et 4000 autres envoyés en renforts, 31 400 canons et 3600 avions. Les défenses soviétiques, établies sur plusieurs lignes en profondeur avec de nombreuses pièces antichars, pouvant compter sur les contre-attaques de plusieurs milliers de blindés, sont en mesure de repousser les deux offensives au nord et au sud du saillant de Koursk. Les blindés allemands Panther, Tigre et Ferdinand sont supérieurs en puissance de feu aux T34, KV1, T70 et autres blindés soviétiques, mais sont très inférieurs en nombre.

On assiste à Koursk à la plus importante bataille de chars de la Seconde Guerre mondiale, durant laquelle les forces blindées allemandes sont contenues, après une légère progression dans les lignes soviétiques, et finalement contre-attaquées par des milliers de tanks russes qui, sans se soucier des pertes, engagent un combat à quelques mètres des blindés allemands. Les Tigre, les Panther et autres Ferdinand font un véritable carnage dans la masse des blindés soviétiques mais doivent rompre le combat sous le poids du nombre. Le bilan des pertes témoigne de l'acharnement de l'affrontement, avec dans les rangs allemands 203 000 soldats hors de combat (tués, blessés, prisonniers), 1200 blindés et 650 avions détruits, contre du côté de l'armée soviétique 1 200 000 soldats hors de combat, 7000 blindés et 3000 avions détruits. L'Armée rouge remporte une « victoire » à la Pyrhus, avec des pertes très supérieures à celles de l'adversaire. Cette bataille fait perdre à la Wehrmacht l'initiative des opérations offensives sur le front de l'Est. L'armée allemande, réduite désormais à la défensive, ne va plus cesser de reculer jusqu'à sa défaite finale. Si elle perd à Koursk nettement moins d'hommes, de blindés et d'avions que son adversaire, elle doit cependant abandonner son ascendant moral : pour la première fois, elle n'a vu vaincre en été l'armée soviétique, malgré l'engagement de 20 panzerdivisions, équipées des meilleurs blindés du moment.

Le 22 juin 1944, l'Armée rouge débute l'opération Bagration qui se prolonge durant deux mois et s'achève par la destruction du groupe allemand d'armées du centre, causant à la Wehrmacht des pertes considérables. Par ricochet l'armée allemande perd également son groupe d'armées du nord, enfermé dans les pays Baltes, et son groupe d'armées du sud, détruit en Ukraine et en Roumanie. Les troupes soviétiques font un bond incroyable de 600 kilomètres vers l'ouest, parviennent aux frontières de la Prusse-Orientale, menacent la Hongrie et s'approchent de la Yougoslavie. Les conséquences politiques sont également considérables, puisque la Finlande, la Roumanie et la Bulgarie quittent le camp allemand pour rejoindre celui de la Russie soviétique.

Comment expliquer un tels succès militaires en si peu de temps ? L'Armée rouge possède une écrasante supériorité numérique en hommes et en matériels sur l'adversaire, y compris sur le plan aérien. Elle est en mesure d'engager des offensives de grande envergure, grâce à un commandement de qualité, avec des troupes d'une grande mobilité, ayant l'expérience de plusieurs années de combat et maitrisant désormais le combat interarmes. Du fait du débarquement des Alliés occidentaux en Normandie le 6 juin 1944, les généraux allemands n'ont plus la possibilité de transférer des divisions d'ouest en est ou dans le sens inverse.

Le rapport des forces en présence de l'opération Bagration explique largement l'impressionnant succès de l'Armée rouge, avec 1 258 300 soldats, 3955 chars, 30 000 pièces d'artillerie et 4000 avions. De son côté l'armée allemande aligne 849 000 soldats, 495 chars, 3276 canons et 602 avions. Les pertes sont aussi éloquentes, avec une armée allemande qui déplore 139 320 tués, 110 136 blessés et 150 000 prisonniers, soit un total de 399 456 soldats allemands hors de combat. De son côté, l'Armée rouge compte 178 459 tués et 587 254 blessés, soit 765 713 soldats hors de combat. Il est intéressant de noter que malgré l'écrasante supériorité de l'armée soviétique, la Wehrmacht parvient à causer environ le double de pertes à son adversaire, preuve que le soldats allemand reste, même à cette époque, l'un des meilleurs combattants du monde.

Lors de la campagne d'Allemagne de mars-mai 1945, on constate que le gros de l'armée allemande affronte l'Armée rouge avec 1 950 000 soldats contre 4 millions de soldats soviétiques, 4091 chars contre 10 000, 1875 avions contre 8000. Durant la même période sur le front ouest, contre les forces alliées occidentales (principalement américaines, britanniques, françaises et canadiennes), on compte 420 000 soldats allemands contre 2 420 000 soldats alliés occidentaux, 1832 chars contre 12 000 et 1900 avions contre 18 500.

Au total, l'armée soviétique déplore 9 168 400 soldats tués durant la Seconde Guerre mondiale. De son côté, l'armée américaine compte 416 837 tués. Rappelons que contre l'armée Rouge, l'armée allemande perd 3 906 009 de ses 5 318 731 soldats allemands tués durant la Seconde Guerre mondiale.

En fixant 60 à 75% de l'armée allemande sur le front de l'Est et en lui causant près de 4 millions de soldats allemands tués sur les 5 318 731 tombés durant la Seconde Guerre mondiale, il est incontestable que l'Armée rouge a joué un rôle déterminant dans la défaite du IIIe Reich. Le mythe de l'unique sauveur américain s'effondre, sans nier l'importance de ce pays dans la défaite allemande, d'autant que sur les 1 412 722 soldats allemands tués en Europe de l'Ouest et en Afrique du Nord, la majorité sont tombés contre des troupes alliées composées non seulement de soldats américains, mais également de soldats britanniques, français, et canadiens. Enfin, avec 15 884 000 civils tués, l'Union soviétique arrive en tête des plus lourdes pertes humaines non militaires. Au total, on déplore 25 052 400 militaires et civils soviétiques tués durant la Seconde Guerre mondiale.

En mai 2015, lors des commémorations à Moscou de la défaite du IIIe Reich et de la victoire des Alliés, les gouvernements américain, britannique et français n'ont pas cru bon de venir rendre hommage à l'immense sacrifice militaire et civil de la Russie durant la Seconde Guerre mondiale... On remarquera également que lors des récentes commémorations de juin 2019 du débarquement des Alliés en Normandie, pas une seule autorité russe n'a été invitée, faisant ainsi oublier à la population occidentale le rôle déterminant de l'armée soviétique dans le succès de cette opération amphibie, en fixant la majorité de la Wehrmacht sur le front de l'Est...

10

LES REVERS AMÉRICAINS EN TUNISIE ET LA MÉDIOCRITÉ CACHÉE DU GÉNÉRAL PATTON

Les premières grandes batailles livrées par l'armée américaine contre les troupes allemandes et italiennes se déroulent en Tunisie en février-mars 1943. En guerre depuis décembre 1941 contre l'Axe, les États-Unis portent dans un premier temps leur effort dans le Pacifique contre les forces armées japonaises, suite à l'attaque d'une partie de la flotte américaine à Pearl Habor (7 décembre 1941). Après avoir débarqué en Algérie et au Maroc en novembre 1942, les divisions alliées tentent de s'emparer de la Tunisie avant les Allemands et les Italiens, mais ces derniers, plus rapides, parviennent à établir deux fronts solides à l'ouest et au sud de la Tunisie.

Du 19 au 25 février 1943, se déroule la bataille de Kasserine, opposant les 10e et 21e panzerdivisions allemandes et des éléments de la division blindée italienne Centauro (principalement le 5e régiment des bersaglieri), dont l'ensemble repose sur 22 000 soldats d'élite, expérimentés par plusieurs années de guerre, regroupant 250 chars, au 2e corps d'armée américain, fort de 30 000 hommes découvrant la guerre moderne, soutenus par 500 chars. Sur un front en partie montagneux, les troupes germano-italiennes attaquent en force les positions américaines. Les chars Sherman, Lee et Stuart sont bousculés par les blindés allemands plus performants, comme les Panzer IV et les Tigre, appuyés par le solide 5e régiment des bersaglieri du lieutenant-colonel Aldo Raimondi. Les troupes germano-italiennes accomplissent une percée spectaculaire de 80 kilomètres dans les positions américaines. Le commandement américain s'avère dépassé par les événements. L'organisation des contre-attaques et des barrages d'artillerie sont trop tardifs pour enrayer les progression germano-italienne. Le 20 février 1943, le moral des troupes américaines est au plus bas. Elles se retirent en abandonnant leur équipement sur le terrain. Le général Lloyd Fredendall, commandant le 20e corps américain, fragmente ses unités qui sont facilement encerclées et submergées. Ayant construit son poste de commandement loin du front, il visite rarement ses soldats en première ligne. Dépassé par les événements, il est limogé et remplacé le 6 mars 1943 par le général George Patton.

Finalement, des unités de la 1ère armée britannique et du 19e corps d'armée français sauvent les troupes américaines en pleine déroute. Le manque de carburant pénalise également les assaillants. Les généraux allemands Erwin Rommel, Hans-Jürgen von Arnim et le général italien Carlo Calvi de Bergolo, commandants les unités germano-italiennes, enragent de ne pas pouvoir poursuivre leur offensive, qui se termine par des pertes terribles pour le 2e corps américain : 6300 morts ou blessés, 4000 prisonniers, 315 chars, 716 véhicules divers et 200 canons détruits. Les troupes germano-italiennes déplorent seulement 352 tués ou blessés et 34 chars détruits.

Du 17 au 28 mars 1943, à El Ghettar en Tunisie, sur un front de 70 kilomètres, le 2e corps américain du général Patton, fort de 88 000 soldats, 300 chars et 200 pièces d'artillerie, affronte la division blindée italienne Centauro du général Calvi di Bergolo, réduite à seulement 7850 soldats, 30 blindés, 40 canons de campagne et 12 canons antichars. Malgré l'écrasante supériorité numérique américaine, les troupes italiennes, luttant avec une bravoure extraordinaire, repoussent durant 12 jours toutes les attaques. Les soldats américains, inexpérimentés, se heurtent à des soldats italiens d'élite, ayant deux à trois années d'expérience de guerre dans les Balkans et en Afrique.

Patton, monté en épingle par la propagande américain, se dévoile un piètre tacticien, accumulant les erreurs sur le terrain. Les attaques américaines mal coordonnées sont systématiquement repoussées par d'habiles contre-attaques italiennes, menées avec fougue et habileté. Les positions italiennes perdues sont systématiquement reprises en peu de temps. Le relief, composé de collines de 300 à 700 mètres d'altitude, facilite en partie la défense des troupes italiennes.

La bataille d'El Guettar se termine par des lourdes pertes américaines, avec 5000 soldats tués ou blessés, 1500 prisonniers, 60 blindés détruits, contre 2500 soldats italiens tués ou blessés et 20 chars détruits. Le succès italien est d'autant plus remarquable que les chars Fiat-Ansaldo M14/41 (14 tonnes) sont nettement inférieurs en qualité aux Sherman américains (32 tonnes) qui leurs sont opposés, mais les tankistes italiens, plus expérimentés, font la différence sur le terrain, en manœuvrant avec une plus grande habileté. Le 5e régiment des bersaglieri du lieutenant-colonel Aldo Raimondi reprend systématiquement les positions perdues lors d'assauts furibonds à la baïonnette, en faisant de nombreux prisonniers américains. Le manque de renforts empêche de transformer cette victoire défensive italienne en véritable déroute de l'armée américaine.

Bien entendu, la propagande de guerre américaine passe sous silence les échecs de ses troupes contre les Italiens, en faisant croire que l'adversaire principal est allemand ! Le film de guerre américain réalisé par Franklin Schnaffer en 1970, à la gloire de Patton, est révélateur à ce sujet : on ne voit pas un seul soldat italien lors des scènes de combat se déroulant en Tunisie...

Prenant le commandement de la 7e armée américaine lors du débarquement en Sicile, le 10 juillet 1943, Patton veut sa revanche. Lors de la bataille de Gela (10-13 juillet) 1943, il affronte principalement des troupes italiennes. La force américaine de débarquement du secteur de Gela et de ses environs se compose de la 1ère division d'infanterie (DI), de la 2e division blindée, d'éléments de la 3e DI, de la 45e DI et de la 82e division aéroportée. L'appui feu repose sur les puissants canons des croiseurs Savannah, Boise, Abercrombie, Shubrick, Jeffers, Bulter et Glennon, armés notamment pour certains de pièces lourdes de 152 mm et 127 mm. La plage de Gela est défendue par la 18e brigade côtière italienne, armée de vieux canons de la Première Guerre mondiale. Le 429e bataillon côtier italien se charge de la défense de la ville même. De nombreux nids de mitrailleuses, des barbelés et des bunkers complètent la défense. Plus en arrière, à 6 400 mètres en profondeur de terres, des batteries italiennes d'artillerie doivent soutenir la troupe en première ligne. La division italienne d'infanterie Livorno, forte de 11 400 soldats, doit contre-attaquer, appuyée par le groupe mobile E, fort notamment d'une trentaine de chars Renault R35. Les troupes italiennes peuvent compter sur le soutien de cinq bataillons de la division blindée allemande Hermann Goering, alignant une soixantaine de chars Panzer III, Panzer IV et Tigre. La force de débarquement américaine repose sur 40 000 hommes contre 18 000 soldats italiens et environ 3000 soldats allemands.

Dès le débarquement sur la plage, peu après minuit, le 10 juillet, les soldats américains se heurtent à une défense acharnée de l'infanterie côtière italienne. Certaines positions luttent jusqu'à la mort de tous les défenseurs. Dans la ville même, l'infanterie côtière italienne oppose une résistance aussi opiniâtre. En divers endroits, les prisonniers italiens, qui se sont rendus après avoir épuisés toutes leurs munitions, sont sauvagement abattus par les soldats américains, ulcérés par une telle résistance. Le 429e bataillon côtier italien déplore la perte de 40% de ses effectifs, avec 197 morts ou blessés au combat. La tête de pont est régulièrement bombardée par les avions allemands et italiens, qui accomplissent de nombreuses sorties aériennes pour l'unique journée du 10 juillet.

Le même jour, vers 7 heures 30, la division italienne Livorno contre-attaque, soutenue par une trentaine de tanks Renault R35, blindés de 10 tonnes totalement dépassés en 1943 contre les chars Sherman américains de 32 tonnes. Les braves fantassins italiens bousculent les positions américaines, arrivent à seulement cent mètres de la plage, menaçant ainsi de rejeter les troupes américaines à la mer. C'est alors que l'artillerie navale américaine, avec ses puissants canons de 152 mm et 127 mm, tire plus de 600 obus sur l'infanterie italienne, provoquant un véritable carnage. Le lendemain, la division Livorno, soutenue par quelques bataillons de la division Hermann Goering, renouvelle ses attaques audacieuses, bouscule de nouveau les défenseurs américains mais subit encore un terrible déluge d'obus de l'artillerie navale américaine, stoppant net son assaut. En deux jours seulement, la division Livorno, forte au début des opérations de 11 400 soldats, déplore 7214 tués ou blessés ! La division Hermann Goering compte de son côté 630 tués ou blessés.

Le 13 juillet 1943, les combats se prolongent avec l'attaque américaine pour s'emparer du terrain d'aviation de Santo Pietro, défendu par 500 soldats italiens, dont trois batteries de la milice fasciste, une compagnie du 76e régiment d'infanterie, une compagnie de vieux tanks Fiat 3000 et des éléments divers. Les 3000 soldats américains de la 45e DI, engagées pour cette opération, se heurtent à une résistance acharnée d'une journée, malgré leur écrasante supériorité numérique. Le capitaine Compton, le sergent West et leurs soldats massacrent 73 prisonniers italiens qui ont lutté héroïquement jusqu'à l'épuisement total des munitions. Le général Patton, cherchant à couvrir les assassins de ce crime de guerre, affirme à son supérieur, le général Bradley, qu'il s'agit de civils armés, donc des francs-tireurs. Mais Bradley n'en croit rien et lance une enquête, menant à la constitution d'une cours martial secrète pour juger le capitaine Compton et le sergent West. Assez curieusement, Patton n'est pas inquiété, bien qu'il soit moralement responsable en poussant ses officiers et ses soldats à ne pas épargner les prisonniers militaires italiens. Il n'a pas digéré ses revers contre l'armée italienne en Tunisie.

Les opérations de Gela et de Santo Pietro coutent de lourdes pertes à l'armée américaine, avec 3900 tués ou blessés, sans oublier une dizaine de navires coulés ou endommagés, victimes des attaques aériennes, menées principalement par les avions italiens, dont les redoutables aerosiluranti (avions torpilleurs).

En rivalité avec le général britannique Montgomery, l'égocentrique général Patton ordonne à ses troupes de suivre la ligne de moindre résistance le long du littoral occidental, qui le conduit jusqu'à Palerme après un raid de 250 km aussi spectaculaire qu'inutile : la décision se fait à l'est, à proximité du détroit de Messine, le cordon ombilical qui relie la Sicile à la botte italienne, où le commandement germano-italien parvient à évacuer le gros de ses troupes sur le continent, suite aux rivalités opposant Patton à Montgomery. C'est ainsi que 75 000 soldats italiens, invaincus, et 39 000 soldats allemands parviennent à rejoindre la Calabre, avec un important matériel, composé notamment du côté italien de 42 pièces d'artillerie, de 38 canons antichars et de 500 véhicules, et du côté allemand de 47 chars, 94 pièces d'artillerie et de très nombreux véhicules.

Outre ses grossières erreurs tactiques et stratégiques sur le terrain, Patton fait preuve d'un tempérament prompt au racisme et au mépris de l'adversaire, qui trouve un échos dramatique avec les exactions commises par ses troupes en Sicile. Il leur recommande d'être impitoyables avec les civils et les prisonniers militaires italiens. Après les massacres de Gela et de Santo Pietro déjà relatées, les conséquences ne se font pas attendre : le 15 juillet, une centaine de prisonniers militaires italiens sont abattus à la mitrailleuse près de Comiso. À Canicati, une dizaine de civils sont tués et une centaine d'autres blessés par des soldats américains qui reçoivent l'ordre de Patton de tirer dans la foule !

Ces terribles affaires sont étouffées par le commandement supérieur, mais Patton vacille de son piédestal, perdant tout commandement opérationnel durant près d'un an pour motif disciplinaire : pendant la campagne de Sicile, il a également giflé deux blessés américains commotionnés qu'il prend pour des lâches. On lui reproche surtout d'avoir laissé s'échapper le gros de l'armée ennemie en Sicile.

On le retrouve en opération que le 1er août 1944, sur le front de Normandie, en tant que commandant de la 3e armée américaine. Mais la fameuse percée d'Avranches qu'il s'attribue est en réalité réalisée le 30 juillet. Il n'est donc pour rien dans la percée en Normandie. Ce sont Montgomery, Bradley et Collins qui ont planifié, enfoncé le front et engagé l'exploitation. De plus, les troupes britanniques et canadiennes affrontent 75% des panzerdivisions engagées en Normandie. Patton, qui entre en scène après la percée, n'a plus qu'à pousser ses troupes par le couloir d'Avranches pour les répandre en France, sans grande résistance de l'ennemi, décimé par deux mois de combat. Un des corps d'armée de Patton libère la Bretagne, mais échoue à s'emparer des ports principaux, transformés en forteresse par les Allemands. Les trois autres corps de la 3e armée Patton filent d'abord vers la Loire, puis la Seine et enfin la Meuse et la Moselle, sans rencontrer de grandes résistance d'un adversaire en pleine retraite.

Devant Metz, l'armée Patton est tenue en échec durant presque tout le mois de septembre 1944 par de faibles troupes allemandes, cependant bien encadrées. Des semaines d'assauts frontaux très meurtriers pour rien. Les forts des environs de la ville résistent même jusqu'à la mi-décembre 1944 ! Il n'a avancé que de 40 kilomètres en trois mois ! Il n'a rien conquis que les Allemands n'étaient disposés à céder sous le poids du nombre : un contre dix ! Le dernier mois lui a coûté 27 000 hommes (tués ou blessés) ! En voulant courir deux lièvres à la fois, conquête de Metz et poussée immédiate sur le Rhin, Patton se disperse. Depuis août 1944, motivé par ses ambitions personnelles, il ne pense qu'à passer le Rhin le premier, mais il ne pense pas la guerre dans sa globalité, méprise adversaires et alliés.

Paranoïaque, il pense que les plans stratégiques, faisant interagir plusieurs armées, ne sont que des complots pour le priver de ses lauriers. Il se révèle incapable de s'entendre avec ses supérieurs et ses partenaires. C'est l'une des raisons qui ont poussé Eisenhower à lui préférer Bradley pour commander les troupes américaines en Normandie.

Dans les Ardennes, en décembre 1944 et janvier 1945, Patton ambitionne de renverser le sort de la bataille, or ses principales attaques sont violemment repoussées. Il faut que Hitler ordonne le repli à ses troupes, le 8 janvier 1945, pour que celles de Patton puissent enfin progresser au-delà de Bastogne, grâce également au soutien massif de l'aviation américaine. Lors des combats dans les Ardennes, les troupes de Patton déplorent la perte de 30 000 hommes (tués ou blessés) ! Sa 4e division blindée déplore 1400 soldats hors de combat et 200 chars détruits !

Le 31 décembre 1944, près de Bastogne, des soldats américains de la 11e division blindée exécutent 84 prisonniers allemands. Durant la même période, la 90e division américaine d'infanterie massacre également une centaine de prisonniers allemands dans la Sarre. Ses deux divisions sont placées sous les ordres de Patton.

L'ultime campagne de Patton est celle d'Allemagne, où sa 3e armée ne rencontre bien vite qu'une résistance symbolique, le Reich étant sur le point de s'effondrer. Patton atteint la Tchécoslovaquie le 6 mai 1945.

Patton a combattu quatre jours en 1918, trois jours en 1942, deux mois en 1943, cinq mois en 1944 et quatre mois en 1945, soit un total d'un an au cours des deux guerres mondiales, et presque toujours contre des adversaires affaiblis par plusieurs années de conflit. C'est peu en comparaison des généraux allemands. Rommel, auquel il aime se comparer, a fait toute la Grande Guerre, la campagne de 1940, celle d'Afrique du Nord et le début de la Normandie, soit huit années au front.

Alors, pourquoi Patton conserve depuis des décennies la réputation flatteuse d'un général invincible ? Parce qu'il est avant tout un formidable communiquant. Sur ce plan, il est d'une étonnante modernité. Il multiplie les sorties médiatiques, organise des conférences avec les journalistes, parvient à s'attribuer des succès en réalité collectifs. Ainsi, la prise de Palerme en 1943, d'un intérêt nul sur le plan militaire, est présentée par Patton comme une victoire importante. Tout est exagéré par les médias américains pour convaincre l'opinion publique qu'il s'agit de la première grande victoire des États-Unis en Europe durant la Seconde Guerre mondiale. Le commandement américain a besoin à l'époque d'une icône populaire pour galvaniser la population et la troupe : Patton devient l'acteur central de cette intense propagande ! Durant sa période de disgrâce, il est nommé commandant d'un groupe d'armées fantôme en Grande-Bretagne, où sa popularité sert à tromper les Allemands sur l'endroit réel du débarquement en France. L'armée américaine trouve à Patton sa plus grande mission stratégique : il mobilise une armée allemande entière dans le Pas-de-Calais, sans combattre. Lui qui estime qu'un chef militaire doit user de talents d'acteur joue alors son plus beau rôle. Le mythe va pouvoir perdurer durant des décennies.[40]

---

[40] Au sujet du mythe Patton, lire Jean-Claude Delhez, *Chars d'assaut, un siècle d'imposture*, éditions Jourdan 2017, ainsi que le chapitre de Nicolas Aubin, Patton, le meilleur général américain, dans l'ouvrage collectif sous la direction de Jean Lopez et Olivier Wieviorka, *Les mythes de la Seconde Guerre mondiale*, volume 2, éditions Perrin/Guerres et Histoire 2017. Voir également les archives militaires italiennes, Rome. Lire Andrea Augello, *Uccidi gli italiani*. Gela 1943. *La battaglia dimenticata*, éditions Ugo Mursia 2012.

11

ROOSEVELT VEUT PLACER LA FRANCE SOUS ADMINISTRATION ANGLO-AMÉRICAINE, MALGRÉ LE RÔLE IMPORTANT DE CE PAYS DANS LA DÉFAITE ALLEMANDE

Le président américain Franklin Roosevelt, profondément marqué par la défaite militaire française en mai-juin 1940, estime que ce pays ne fait plus parti des grandes puissances occidentales. Par tous les moyens, il tente de réduire la place de la France à un rôle secondaire, sous la totale dépendance américaine. La présence du général Charles de Gaulle, défenseur de la grandeur et de la souveraineté françaises, lui est insupportable. Il préfère s'entendre avec le régime de Vichy, pourtant compromis dans la collaboration avec Hitler, plutôt que de reconnaître la place de la France libre dans la lutte contre l'Allemagne et l'Italie. Lors du débarquement des troupes américaines au Maroc et en Algérie en novembre 1942, il tente de placer ces deux territoires sous protectorat américain, au détriment des représentants français. Il voit dans l'amiral Darlan et le général Giraud, facilement manipulables par la puissance américaine, les meilleurs représentants de la France combattante. Le récent et remarquable ouvrage d'Éric Branca, *l'Ami américain, Washington contre de Gaulle 1940-1969*, fait la lumière sur les relations conflictuelles franco-américaines, on peut notamment y lire : « Pourquoi de Gaulle refusa-t-il, en 1964, de présider les commémorations du vingtième anniversaire du débarquement allié en Normandie ? Parce qu'il se souvenait que, sans sa volonté farouche de faire échec aux plans de Roosevelt, la France ruinée en 1944 n'aurait pas été traitée autrement que l'Allemagne vaincue, privée d'une fraction de son territoire et placée sous administration militaire américaine. Pis, c'est sur une partie des élites de Vichy que, durant tout le conflit, la Maison-Blanche avait misé pour barrer la route à l'homme du 18-Juin. »[41]

L'AMGOT (Allied Military Government of Occupied Territories), est une administration militaire conçue dans un premier temps pour occuper l'Italie fasciste, ainsi que pour être appliquée dans d'autres pays européens comme la Norvège, les Pays-Bas, le Luxembourg, la Belgique. Roosevelt envisage également de placer la France sous administration militaire anglo-américaine. Adversaire du général de Gaulle, il fait croire à son entourage militaire et politique qu'il faut s'attendre, lors de la

---

[41] Éric Branca, *L'ami américain, Washington contre de Gaulle 1940-1969*, éditions Perrin 2017.

Libération de la France, à une administration disloquée, à l'absence d'un gouvernement légitime et à un climat de guerre civile, sans oublier la réalité d'une population en détresse, soit un climat général dangereux pour la sécurité des troupes anglo-américaines en opération. Il décide que les Alliés régleront eux-mêmes l'ordre en France, en y déployant des centaines d'officiers américains et britanniques des Affaires civiles. « Le programme de recrutement de ces personnels, écrit Stéphane Simonnet, est lancé en avril 1943 et concerne quelque 6000 volontaires anglo-saxons formés à l'administration des affaires civiles dans les écoles spécialisées, notamment à Charlottesville et à Yale. Ils ont pour mission de mettre en place cette nouvelle administration qui, dans un premier temps, doit reposer sur les rouages existants, c'est-à-dire les maires, les préfets et les sous-préfets, se préparant, toutefois, le cas échéant, à exercer eux-mêmes ces fonctions. L'administration ainsi reprise en main, les Français seraient passibles des tribunaux militaires alliés. Les futurs administrateurs disposent également de manuels où surgissent une série de stéréotypes négatifs à l'encontre des Français, du Méridional nonchalant à la Bretonne « érotique par nature », sans oublier une hygiène générale déplorable. Favoriser le déplacement des troupes alliées, organiser l'emploi de la main d'œuvre civile, réquisitionner les véhicules nécessaires, remplacer les fonctionnaires non désirables figure parmi les autres missions de ces officiers de l'AMGOT. À la fin de 1943, 1 552 personnes dont 400 officier répartis en compagnies sont rassemblés dans le cadre de la future administration. »[42]

C'est donc une France placée sous administration anglo-américaine que « le bon libérateur » président Roosevelt compte mettre en place pour écraser la volonté d'indépendance nationale du général de Gaulle, qu'il traite de « dictateur en puissance ». Heureusement, les autorités de la France libre n'ont jamais cessé de préparer les cadres juridiques et législatifs de la Libération. Le gouvernement que le général de Gaulle désire établir a déjà préparer le renouveau constitutionnel. Le Comité français de la Libération nationale (CFLN), fondé à Alger le 3 juin 1943, en est la première étape. Le vote de l'Assemblée consultative provisoire, le 28 mars 1944, suivi par une ordonnance gouvernementale du 21 avril suivant, fixe de manière définitive la nouvelle organisation des pouvoirs publics, sous l'autorité du gouvernement national, avec des commissaires de la République à l'échelle des régions, des préfets secondés par des comités départementaux de libération, ainsi que des comités locaux de libération pour la gestion de la vie municipale. Le général de Gaulle contrecarre ainsi le plan hégémonique du « démocrate » Roosevelt.

---

[42] Stéphane Simonnet dans le *Dictionnaire de la France libre*, sous la direction de François Broche, de Georges Caïtucoli et de Jean-François Muracciole, présentation de Max Gallo, de l'Académie française, et Jean-Louis Crémieux-Brilhac, postface de Jean-François Sirinelli, éditions Robert Laffont 2010.

Présent à Londres le 4 juin 1944, le général de Gaulle, président du nouveau Gouvernement provisoire de la République française (GRPF), malgré l'opposition de Roosevelt, détient dans ses cartons près de 400 décrets et ordonnances, afin de restaurer la légalité républicaine en France. Le débarquement du général de Gaulle en Normandie, dès le 14 juin 1944, incarne la volonté française de ne rien laisser aux Américains concernant l'administration de la France. Ainsi place-t-il ces derniers devant le fait accompli, en installant François Coulet, commissaire de la République pour les territoires libérés, à la sous-préfecture de Bayeux.

« En quelques semaines, écrit Stéphane Simonnet, la réussite de « l'expérience normande » de l'administration française d'un territoire libéré, à la fois dans la gestion des populations libérées et l'administration des affaires urgentes, soutenue par un large consensus de la population, lève toutes les hypothèques placées par les Alliés sur le chef de la France combattante. Les officiers des affaires civiles, progressivement mis en retrait, se retrouvent privés de tout moyen d'action. Pragmatique, Eisenhower finit par s'y résigner. Ainsi, en France, l'AMGOT disparaît-il avant d'avoir vu le jour. De Gaulle doit pourtant encore attendre le 29 octobre 1944 pour voir son autorité et celle du GPRF pleinement reconnues par les Alliés. Quant aux 200 officiers anglo-saxons des affaires civiles encore sur le terrain, ils sont pris en charge par la Délégation aux relations interalliées créée le 12 septembre 1944 et confiée à François Coulet. »[43]

*

Roosevelt veut rabaisser la France à un rôle de figurant dans la victoire des Alliés, ou pire : réduire sa place à celle d'un pays uniquement vaincu en 1940 et collaborateur par la suite, justifiant ainsi sa mise sous tutelle anglo-américaine. Pourtant l'efficacité de la Résistance intérieure, les combats victorieux de la France libre et de l'armée française d'Afrique ont largement contribué à redorer le drapeau français aux yeux des grands chefs militaires alliés, jouant ainsi un rôle important dans l'échec de l'AMGOT sur le territoire national.

Dès 1942, lors de la bataille de Bir Hakeim, la France libre joue un rôle déterminant dans l'échec du plan du général Rommel d'envahir l'Égypte. La bataille de Bir Hakeim, opposant un brigade de la France libre à des unités italiennes et allemandes dix fois plus nombreuses, a été durant des décennies un des symboles de l'héroïsme de la guerre du désert en Libye. Récemment, certains auteurs ont remis en question l'importance de cette bataille dans le rétablissement des troupes britanniques en Égypte, à El Alamein. Il s'agirait, pour ces auteurs, d'un simple mythe gaulliste, glorifié d'une manière excessive pour des raisons politiques. Or, les chefs

---

[43] Stéphane Simonet, op.cit.

militaires alliés, allemands et italiens ont pourtant reconnu l'importance tactique et stratégique de cette bataille dans la suite du déroulement de la guerre en Afrique du nord.

Mai 1942, le général Rommel doit déclencher une vaste offensive pour battre définitivement les troupes alliées en Libye et s'emparer de l'Égypte. Il cherche à attirer les unités blindées britanniques dans la région d'Acroma par l'esquisse d'une attaque frontale dirigée sur El Gazala, alors qu'il débordera la ligne fortifiée au sud de Bir Hakeim, pour ensuite détruire les forces alliées par une attaque à revers. L'essentiel du corps de bataille allié éliminé, il doit s'emparer au plus vite de Tobrouk, puis foncer sur l'Égypte jusqu'au canal de Suez.

Bir Hakeim couvre le flanc sud de la 8e armée britannique et doit servir de pivot de manœuvre aux éléments blindés agissant au sud. La mission principale de la 1ère brigade française libre du général Pierre Koenig consiste à occuper, organiser et défendre la forteresse de Bir Hakeim, même après encerclement. Des patrouilles peuvent agir autour du camp retranché dans un rayon de 32 kilomètres de jour et de 8 kilomètres de nuit. Le génie a posé 120 000 mines autour de Bir Hakeim, ainsi que 500 kilomètres de câbles.

La 1ère brigade française libre dispose de nombreux moyens antichars et antiaériens mais manque d'artillerie lourde et de blindés. Son infanterie repose sur la 13e demi-brigade de la légion étrangère (DBLE) du lieutenant-colonel Amilakvari (2e et 3e bataillons de la légion étrangère), la 2e demi-brigade de marche (DBM) du lieutenant-colonel de Roux (2e bataillon de marche de l'Oubangui-Chari et le bataillon du Pacifique). La troupe est renforcée par le 1er bataillon d'infanterie de marine du commandant Savey, le 1er bataillon de fusiliers marins du commandant Amyot d'Inville, la 22e compagnie nord-africaine du capitaine Lesquene et la 1ère compagnie de sapeurs-mineurs du capitaine Desmaisons. Comme artillerie, le général Koenig dispose du 1er régiment d'artillerie du lieutenant-colonel Laurent-Champrosay. L'ensemble représente 3700 hommes, 24 canons de 75 mm de campagne, 2 obusiers britannique de 86 mm, 30 pièces antichars de 75 mm, 14 pièces antichars de 47 mm, 18 pièces antichars de 25 mm, 46 fusils antichars de 12,7 mm, 18 canons antiaériens de 40 mm, 4 mitrailleuses de DCA de 13,2 mm, 96 fusils mitrailleurs de DCA, 20 mortiers de 81 mm, 24 mortiers de 60 mm, 210 fusils mitrailleurs d'infanterie, 72 mitrailleuses Hotchkiss de 8 mm, 63 blindés Brenn-Carrier d'infanterie, 120 camions Chevrolet.

Pour réduire le camp retranché de Bir Hakeim, le général Rommel va devoir engager, successivement du 27 mai au 11 juin 1942, la majorité de ses meilleurs unités italiennes et allemandes : la division blindée Ariete, la division motorisée Trieste, la 90e division motorisée, la 15e panzerdivision, des éléments de la division d'infanterie Pavia, la colonne spéciale du colonel Ecker, de nombreuses batteries d'artillerie, d'autres unités éparses, soit un total de 37 000 hommes, appuyés par 350 blindés, 282 pièces d'artillerie de 75 à 210 mm, 120 canons antichars de 75, 47 et 50 mm, sans oublier la 2e armée aérienne, dont la concentration de bombardiers fut plus forte qu'à Stalingrad. Les aviations allemandes et italiennes effectuent 1500 sorties contre Bir Hakeim en 16 jours : 1030 avions ont été détournés de Russie pour les combats de Libye, auxquels s'ajoutent pour l'assaut final sur Bir Hakeim 300 bombardiers basés en Crète, avec leurs protections de chasseurs.

Les 15 kilomètres carrés de la position française de Bir Hakeim vont encaisser 45 000 obus de 105, 149, 150, 170 et 210 mm en 16 jours ; à quoi s'ajoutent les très nombreux obus tirés par les batteries de 75 à 100 mm.

La bataille de Bir Hakeim va concentrer une grande partie des forces de l'Axe de Libye en mai-juin 1942. Ainsi, sur les 90 000 soldats italiens et allemands engagés pour lutter contre 110 000 soldats alliés, le général Rommel doit détourner 37 000 de ses soldats pour réduire le camp retranché de Bir Hakeim, réduit à 3700 soldats français. Sur les 560 chars italiens et allemands disponibles, 350 participent alternativement aux combats de Bir Hakeim.

Le général britannique Playfair écrit que « la défense prolongée de la garnison française a joué un rôle déterminant dans le rétablissement des troupes britanniques en Égypte. Les Français libres ont dès l'origine gravement perturbé l'offensive de Rommel.

L'acheminement du ravitaillement de l'Afrikakorps en a été fortement troublé. La concentration de plus en plus importante des forces de l'Axe pour percer cet abcès, a sauvé la 8e armée britannique d'un désastre. Les retards qu'apportent la résistance résolue des Français augmentent les chances des Britanniques de se ressaisir et facilitent la préparation d'une contre-attaque. À plus long terme, le ralentissement de la manœuvre de Rommel permet aux forces britanniques d'échapper à l'anéantissement prévu par l'Axe. C'est par là que l'on peut dire, sans exagération, que Bir Hakeim a facilité le succès défensif d'El Alamein ».[44]

Winston Churchill tient le même raisonnement : « En retardant de quinze jours l'offensive de Rommel, les Français libres de Bir Hakeim ont largement contribué à sauvegarder le sort de l'Égypte et du canal de Suez. »[45]

Les places fortes de Tobrouk et de Mersa Matruh, qui tombent très rapidement, en un ou deux jours seulement, ne retardent que très faiblement la progression de Rommel, alors que Bir Hakeim résiste durant plus de deux semaines, avec des effectifs nettement moins importants. Les vainqueurs italiens et allemands capturent à Tobrouk 33 000 soldats alliés, 2000 véhicules en état

---

[44] *Archives militaires britanniques*, Londres.

[45] *Archives militaires britanniques*, Londres.

de marche, plus de 2000 tonnes d'essence, ainsi que 5000 tonnes de vivres.

Churchill est consterné par l'échec de ses troupes : « Nos forces étaient supérieures à celles de l'Axe. Notre artillerie était plus forte dans une proportion de trois contre un, de même que pour les chars, et nous avions en ligne de nouveaux obusiers. Malgré cela, Tobrouk est tombé au bout d'une petite journée de combat. C'est un désastre. Nous nous sommes ensuite repliés jusqu'à Marsa Matruh, mettant 190 km de désert entre notre 8ᵉ armée et les forces ennemies. À peine cinq jours plus tard, les Italiens et les Allemands arrivaient devant notre nouvelle position, et il nous faut décrocher, pénétrer toujours plus en Égypte, reculer encore. El Alamein devra être tenu jusqu'à la mort. »[46]

Du 26 mai au 3 juillet 1942, les Italo-Allemands ont fait plus de 60 000 prisonniers alliés et détruit ou capturé 2000 blindés divers. Rommel se trouve à moins de 160 km d'Alexandrie. Il lui reste à enfoncer les défenses d'El Alamein, dernier rempart avant la victoire finale. La résistance de plus de deux semaines de la 1ᵉʳᵉ brigade française libre, à Bir-Hakeim, permet à de nombreux renforts alliés d'être acheminés à temps pour résister à Rommel avec efficacité.

---

[46] *Archives militaires britanniques*, Londres.

Dans un rapport du haut commandement anglais du 12 juin 1942, on peut lire : « En tenant compte des combats ininterrompus et sévères que la 1ère brigade française libre dut alors mener pendant seize jours, les pertes françaises ont été légères. Les plans de Rommel ont été déjoués grâce à la splendide résistance opposée par la garnison française, qui a toujours repoussé l'ennemi en lui causant des pertes sévères. »[47]

Le général Koenig écrit de son côté : « Du 27 mai au 5 juin 1942, notre résistance inattendue et l'activité de nos patrouilles avaient bouleversé le plan ennemi. Du 6 au 11 juin, Rommel s'était retourné contre nous et avait perdu un temps précieux dont la 8e armée britannique avait profité pour entamer largement l'évacuation de ses services et de ses moyens. »[48]

Lorsque le jeune journaliste allemand Lutz Koch, de retour à Berlin, raconte en détail les très durs combats de Bir Hakeim à Hitler, la vieille haine de la France se rallume dans le cœur du chef du IIIe Reich : « Vous entendez, Messieurs, ce que raconte Koch, dit aussitôt le Führer. C'est bien une nouvelle preuve de la thèse que j'ai toujours soutenue, à savoir que les Français sont, après nous, les meilleurs soldats de toute l'Europe. La France sera toujours en situation, même avec son taux de natalité actuel, de

---

[47] *Archives militaires britanniques*, Londres.

[48] Général Koenig, *Bir Hakeim*, éditions Robert Laffont 1971.

mettre sur pied une centaine de divisions. Il nous faudra absolument, après cette guerre, nouer une coalition capable de contenir militairement un pays capable d'accomplir des prouesses sur le plan militaire qui étonnent le monde comme à Bir Hakeim. »[49]

Le maréchal Rommel, pourtant avare de compliments, ne cache pas son admiration devant l'héroïque résistance des troupes françaises à Bir Hakeim :

« Les Français disposaient de position remarquablement aménagées ; ils utilisaient des trous individuels, des blockhaus, des emplacements de mitrailleuses et de canons antichars ; tous étaient entourés d'une large ceinture de mines. Les retranchements de cette sorte protègent admirablement contre le bombardement par obus et les attaques aériennes : un coup au but risque tout au plus de détruire un trou individuel. Aussi, pour infliger des pertes notables à un adversaire disposant de pareilles positions, est-il indispensable de ne pas lésiner sur les munitions. La principale difficulté consistait à ouvrir des brèches dans les champs de mines, sous le feu des troupes françaises. Appuyés par les attaques continues de l'aviation, les groupes d'assaut, composés de troupes appartenant à diverses armes et prélevés sur différentes unités, engagèrent

---

[49] Lutz Koch, *Rommel*, éditions Plon 1950.

l'action au nord et au sud. Mais, chaque fois, l'assaut était stoppé dans les fortifications remarquablement établies par les Français.

« Nous n'avions plus à craindre de voir les Britanniques lancer d'importantes attaques de diversion contre nos forces qui investissaient Bir Hakeim et nous espérions poursuivre notre assaut contre la forteresse sans risquer d'être dérangés. Le 6 juin, à 11 heures, la 90e division motorisée partit de nouveau à l'assaut des troupes françaises commandées par le général Koenig. Les pointes avancées parvinrent à huit cents mètres du fort, puis l'offensive s'arrêta. Le terrain, cailloux, n'offrait aucune possibilité de camouflage et le feu violent des Français ouvrait des brèches dans nos rangs. Dans la soirée, l'assaut fut interrompu pendant que l'encerclement se resserrait autour du point d'appui. De faibles attaques de dégagement, lancées par la 7e brigade motorisée britannique contre la 90e division motorisée, furent repoussées. Au cours de la nuit du 6 au 7 juin, dans le secteur occupé par cette dernière unité, nous réussîmes à ouvrir des couloirs dans les champs de mines et, à la faveur de l'obscurité, les groupes d'assaut parvinrent à distance d'attaque. L'ouvrage fut soumis à un sévère bombardement par l'artillerie et l'aviation et, le 7 juin au matin, l'infanterie repartit à l'assaut.

« Malgré son mordant, cet assaut fut stoppé par le feu de toutes les armes dont disposaient les encerclés. Ce n'est qu'au nord de Bir Hakeim que les groupes de combat réussirent quelques pénétrations dans le dispositif ennemi. C'était un admirable exploit de la part des défenseurs français qui, entre temps, s'étaient trouvés totalement isolés. Le 8 juin, l'attaque se poursuivit. Pendant toute la nuit, nous n'avions cessé de lâcher des fusées et de battre les positions de défense avec nos mitrailleuses pour empêcher les Français de prendre du repos. Et pourtant, le lendemain, lorsque mes troupes repartirent, elles furent accueillies par un feu violent, dont l'intensité n'avait pas diminué depuis la veille. L'adversaire se terrait dans ses trous individuels, et restait invisible. Il me fallait Bir Hakeim, le sort de mon armée en dépendait.

« Le 11 juin 1942, la garnison française devait recevoir le coup de grâce. Malheureusement pour nous, les Français n'attendirent pas. En dépit des mesures de sécurité que nous avions prises, ils réussirent à quitter la forteresse, commandés par leur chef, le général Koenig, et à sauver une partie importante de leurs effectifs. À la faveur de l'obscurité, ils s'échappèrent vers l'ouest et rejoignirent la 7e brigade anglaise. Plus tard, on constata qu'à l'endroit où s'était opérée cette sortie, l'encerclement n'avait pas été réalisé conformément aux ordres reçus. Une fois de plus, la preuve était fait qu'un chef français décidé à ne pas jeter le fusil après la mire à la première occasion peut réaliser des miracles, même si la situation est apparemment désespérée... Dans la matinée, je visitai la forteresse, théâtre de furieux combats ; nous avions attendu sa chute avec impatience. Les travaux de fortification autour de Bir Hakeim comprenaient, entre autres, mille deux cents emplacements de combat, tant pour l'infanterie que pour les armes lourdes. »[50]

Bir Hakeim a un retentissement mondial. Le journal britannique *Daily Mail* écrit que « les hommes de la France libre rendent le nom de Bir Hakeim immortel. La défense de Bir Hakeim est l'un des plus splendides exploits de la guerre ».[51] Le *Times* s'étend longuement sur la bataille de Bir Hakeim : « La bataille fantastique et sanglante a atteint un nouveau sommet lorsque les forces axistes lancèrent une nouvelle avalanche de fer contre les Français de Bir Hakeim. On pense que l'ennemi est en train de regrouper de nouvelles forces importantes avant une attaque plus formidables encore. Les Français gardent un bon moral et repoussent héroïquement tous les assauts de l'ennemi. Les forces axistes à Bir Hakeim s'attaquent à plus qu'une forte position défensive, elles s'attaquent à quelque chose qu'elles ne peuvent briser : ces hommes sont la France, et la France est dans leurs yeux lorsqu'ils combattent. »[52]

Les généraux britanniques multiplient les éloges en faveur de la bravoure des troupes françaises à Bir Hakeim. Le général

---

[50] Maréchal Rommel, *La Guerre sans haine*, éditions Amiot-Dumont 1952.

[51] *Archives militaires britanniques*, Londres.

[52] *Archives militaires britanniques*, Londres.

Frank Messervy, commandant de la 7ᵉ division britannique, écrit, fin juin 1942, la lettre suivante au général Koenig :

« Mon cher général Koenig, je veux vous écrire un mot pour vous exprimer mon admiration et celle de tous les cadres et troupes de la 7ᵉ division britannique pour le magnifique combat mené par vous et les vaillantes troupes de la 1ᵉʳᵉ brigade française libre, dans la défense de Bir Hakeim. Pendant ces deux semaines d'attaques incessantes de l'aviation, de bombardements d'artillerie intenses et d'attaques ennemies déterminées, votre moral n'a jamais fléchi, vous avez tenu fermement et êtes restés indomptables. Par votre défense farouche, vous avez joué un rôle des plus importants dans cette grande bataille du désert afin de déjouer les plans offensifs de l'ennemi. »[53]

Le général Willoughby Norrie, commandant le 30ᵉ corps d'armée britannique écrit, le 16 juin 1942, le message suivant au général français de Larminat :

« Félicitez, s'il vous plaît, le général Koenig et ses vaillantes troupes pour leurs combats épiques de Bir Hakeim. Cette magnifique résistance de seize jours contre les attaques continuelles a largement soutenu notre cause et déconfit l'ennemi lorsque l'ordre de repli fut donné par la plus haute autorité. Vos troupes n'ont jamais été forcées par l'action ennemie. Je suis fier

---

[53] *Archives de la Fondation de la France libre*, Paris.

d'avoir été associé à la 1ère brigade française libre. Bonne chance. Vive la France ! »⁵⁴

Le général de Gaulle adresse au général Koenig, lors du dernier jour du siège, le message suivant : « Sachez et dites à vos troupes que toute la France vous regarde et que vous êtes son orgueil. » En apprenant la réussite de l'évacuation de Bir Hakeim, le général de Gaulle ferme la porte derrière le messager et écrit : « Je suis seul - oh ! cœur battant d'émotion, sanglots d'orgueil, larmes de joie. »⁵⁵

Le lieutenant-colonel français Rémy Porte, directeur de recherche au service historique de la défense, écrit que « les conséquences militaires de cette victoire défensive française, en immobilisant pendant deux semaines des forces ennemies considérables, et en lui infligeant dans un rapport de force de 1 contre 10 des pertes sensibles, ne sont pas négligeables : elle bouleverse la planification opérationnelle allemande et donne au commandement supérieur allié le temps de rameuter d'autres troupes et de s'organiser (…). La 1ère brigade française libre rempli sa mission au-delà de toutes attentes du haut commandement britannique. Elle est ensuite réorganisée et rééquipée dans la région de Daba, mise au repos dans la région d'Alexandrie avant de

---

⁵⁴ *Archives de la Fondation de la France libre*, Paris.

⁵⁵ Charles de Gaulle, *Mémoires de guerre*, éditions Plon 1954.

remonter en ligne. Rommel a perdu deux précieuses semaines. Accourue d'Irak à marches forcées, des troupes britannique parviennent à El Alamein quelques heures seulement avant les éléments de pointe de l'Afrikakorps (…). La ferme résistance française permet aux Britanniques de mettre en relief l'action de l'allié français et surtout au général de Gaulle de conforter la place de la France libre dans la lutte mondiale qui se développe.

« En tenant leur position au-delà de ce qui était demandé par le commandement allié, les soldats français imposent à Rommel de retarder l'ensemble de ses opérations offensives et permettent aux Britanniques de préparer le choc suivant. On peut d'ailleurs se demander aujourd'hui, mais cela est si facile après les événements et lorsqu'on connaît la fin de l'histoire, si le général allemand avait vraiment besoin de perdre autant de temps à réduire la position tenue par les Français. Vouloir à tout prix obtenir un succès tactique local l'a sans doute conduit, comme d'autres généraux en d'autres circonstances, à se priver d'une victoire stratégique. Peut-être que s'acharner sur une place encerclée fut sa première faute majeure ».[56]

---

[56] Lieutenant-colonel Rémy Porte, *Les Dossiers de la Deuxième Guerre mondiale* n°6, octobre-novembre-décembre 2006, Bir Hakeim face aux panzers de Rommel.

Ainsi, loin d'être un simple mythe gaulliste surévalué par la propagande, Bir Hakeim représente bien une bataille décisive de la guerre du désert, n'en déplaise à ses détracteurs.

En Tunisie en février 1943, les troupes françaises et britanniques bloquent l'offensive germano-italienne, permettant aux troupes américaines, alors en pleine déroute, de se reformer et de participer à la victorieuse offensive d'avril 1943. Sur le front italien, l'armée américaine progresse lentement et difficilement de septembre à novembre 1943, puis est bloquée par la solide résistance allemande sur la ligne Gustav, durant de longs mois. Le débarquement d'Anzio de janvier 1944 se limite à une modeste tête de pont, pilonnée par l'artillerie allemande. C'est finalement le corps expéditionnaire français du général Juin, fort de 120 000 hommes, qui va faire la décision en mai-juin 1944, en enfonçant les positions allemandes sur un front montagneux, permettant ensuite la prise de Rome par les Alliés. Le maréchal allemand Kesserling est le premier à reconnaître la défaite de ses troupes sur le front italien contre les Français : « L'avance du corps expéditionnaire français, à la fois dans les vallées et en montagne, a rompu notre dispositif, facilité la progression des 5e et 8e armées alliées et empêché notre redressement sur la ligne Dora. Les Français ont combattu avec beaucoup de mordant et exploité, sans aucun délai, tous les succès locaux obtenus. »[57]

---

[57] *Archives militaires allemandes*, Fribourg-en-Brisgau.

L'historien allemand Böhmler, engagé sur le front italien, témoigne également en faveur des troupes françaises : « La grande surprise fut l'attitude du corps expéditionnaire français. La campagne de 1940 avait jeté une ombre sinistre sur l'armée française. On ne pensait pas qu'elle pourrait se remettre de sa défaite écrasante. Et maintenant les divisions du général Juin se révélaient extrêmement dangereuses. La raison n'en était pas seulement l'expérience en montagnes des Marocains et des Algériens. Trois facteurs intervenaient ensemble : à côté de l'expérience en montagne des soldats des colonies françaises, il y avait l'équipement américain très moderne du corps français qui lui donnait une telle puissance. Et enfin ces troupes étaient commandées par des officiers français qui connaissaient parfaitement leur instrument. Avec ces trois éléments de base, Juin avait fait un excellent alliage. Pour la nuit, son corps se montra apte à toutes les missions, et le maréchal Kesserling a souligné en ma présence que se sont toujours les secteurs du front où il savait que se trouvait le corps de Juin qui lui ont donné le plus d'inquiétude. »[58]

Pendant toute la durée des offensives françaises sur le front italien, des officiers de liaison anglo-américains ont été détachés auprès des unités de Juin. Dans les notes du colonel Robert Shaw, on peut lire, après une attaque du 7e régiment de tirailleurs

---

[58] Böhmler, *Monte Cassino*, éditions Rupert Verlag 1955.

algériens (RTA) : « J'ai eu l'occasion de suivre les troupes françaises. Je n'ai remarqué nul traînard, nulle perte ou abandon d'armes et de matériel. J'ai pu voir quantité de cadavres allemands. Beaucoup d'entre eux gisaient le crâne défoncé ou le corps percé de coups de baïonnette. Moral excellent. »[59]

L'historien britannique John Ellis, note au sujet de la fougue des troupes françaises sur le front italien : « Une drogue inconnue paraissait les encourager à se précipiter vers le sacrifice suprême. Entraînés par une sorte de folie collective, sublimés par la même cause, ils étaient indestructibles. Ce fut admirable ! »[60]

Les termes du compte rendu du général Ringel, commandant de la 5e division allemande de montagne sur le front italien, sont éloquents : « L'infanterie franco-marocaine se montre ardente, manœuvrière, déjà bien habituée au canon et au mortier. Elle constitue un instrument de qualité exceptionnelle entre les mains du commandement. La valeur des cadres de cette infanterie est connue depuis la campagne de Tunisie. Ils se sont comportés admirablement, comme on pouvait le craindre. Les jeunes Français du rang se sont conduits de façon admirable, donnant l'exemple et payant ardemment de leur personne. Enfin le général anglais Alexander et le général américain Clark se rendent à l'évidence et

---

[59] *Archives militaires françaises*, Vincennes.

[60] John Ellis, *Cassino, une amère victoire janvier-juin 1944*, éditions Albin Michel 1987.

doivent admettre qu'au Nord du front, face à la 5e division de montagne et à la 44e division d'infanterie, se tient toujours l'homme que même le commandement allemand a reconnu comme son adversaire le plus dangereux en Italie : le général Juin avec ses Franco-Africains. »[61]

Contrairement aux « élucubrations mentales » avancées par certains, le front italien ne représente pas un front secondaire, puisqu'il mobilise 30 à 40 divisions allemandes et italiennes fascistes qui ne peuvent intervenir ailleurs. C'est le premier front occidental de septembre 1943 à mai 1944, et le second de juin 1944 à mai 1945.

Durant la Libération de la France en juin-septembre 1944, les maquis et les troupes françaises libèrent plus de 50% du territoire national et fixent par la suite l'équivalent d'une trentaine de divisions allemandes sur les fronts de l'Atlantique, des Alpes et d'Alsace d'octobre 1944 à avril 1945. L'armée française parvient également à conquérir tout le sud de l'Allemagne jusqu'en Autriche, en détruisant deux armées allemandes, en avril-mai 1945.

Comme on peut le constater, par ces faits irréfutables, la place de la France combattante dans la victoire des Alliés ne relève pas du mythe de la propagande, mais bien d'un apport important dans la défaite allemande. Défaite qui relève à la fois des

---

[61] *Archives militaires allemandes*, Fribourg-en-Brisgau.

Soviétiques, des Américains, des Britanniques et des Français, sans oublier d'autres pays alliés.

*

Roosevelt semble également ignorer ou mépriser le rôle important joué par la Résistance française intérieure dans la défaite allemande. L'histoire de la Libération de la France reste focalisée sur le débarquement des troupes américaines en Normandie, au détriment du rôle joué par la Résistance française. Il est de bon ton de ridiculiser l'apport des réseaux et des maquis tricolores dans la libération du territoire national, grâce à une nouvelle pseudo « histoire » de la Résistance, prétendument irréfutable... où l'imposture, le réductionnisme et le masochisme national sont omniprésents...

Durant des décennies après la guerre, la Résistance française a été mythifiée à travers ses figures héroïques, ses succès contre l'occupant, ses martyrs, fusillés ou morts dans les camps nazis, etc... Après 1968 et jusqu'à récemment, certains auteurs ont remis en cause son efficacité, en estimant même que le bilan de son action avait été surévalué.

Durant toute la durée de la guerre, 266 réseaux reliés aux services spéciaux de la France libre du général de Gaulle sont créés en métropole, avec 150 000 membres permanents et 300 000 membres occasionnels. Il convient d'y ajouter 125 réseaux rattachés aux services spéciaux britanniques du SOE, engageant des résistants français. Le colonel Rémy estime que le nombre de ces Français rattachés à tous ces réseaux français ou britanniques dépasse le demi-million de personnes (hommes et femmes).

Les réseaux se spécialisent soit dans l'évasion des prisonniers de guerre, de pilotes alliés tombés chez l'ennemi, de résistants emprisonnés ; soit dans le renseignement du dispositif militaire, économique et industriel de l'occupant ; soit dans le sabotage militaire et industriel ; soit dans la propagande par la diffusion de tracts et de journaux rattachés à des mouvements clandestins.

Les réseaux de renseignement fournissent aux Alliés des plans détaillés sur les défenses et les garnisons allemandes qui décident du choix du débarquement en Normandie. Il en va de même de la victoire des Alliés dans l'Atlantique, grâce aux précieux renseignements fournis par la Résistance au sujet des bases sous-marines allemandes, des missions des navires et submersibles allemands et italiens. Nous pourrions multiplier les exemples. On estime que le réseaux français ont fourni aux Alliés 80% des renseignements sur le dispositif militaire de l'occupant en France : une aide essentielle dans la victoire des Alliés.

Un des agents du colonel Rémy (chef du réseau la Confrérie Notre-Dame), René Duchez, accomplit un exploit que la Gestapo tient pour l'un des plus remarquables dans le domaine du renseignement durant la Seconde Guerre mondiale. Tout en tapissant un bureau de l'organisation Todt, à Caen, Duchez subtilise un plan ultra-secret : il s'agit d'une carte du mur de l'Atlantique de Cherbourg à Honfleur, avec emplacements des blockhaus, nids de mitrailleuses, champs de mines et barbelés. À la Libération, le général américain Omar Bradley confiera au colonel Rémy que « ces renseignements d'une précision étonnante ont été largement mis à contribution par l'état-major de l'opération Overlord et ont conduit au choix du débarquement du 6 juin 1944 en Normandie ».[62]

Le réseau Alliance, du commandant Georges Loustaunau-Lacau et de Marie-Madeleine Fourcade, joue également un rôle essentiel dans la défaite allemande. Les agents français d'Alliance recueillent et transmettent des renseignements capitaux aux Alliés sur les bases sous-marines, le mur de l'Atlantique, les mouvements des troupes allemandes. C'est au réseau Alliance que l'on doit la livraison aux Alliés des principaux emplacements des rampes de nouvelles armes allemandes sur la côte atlantique, qui se révélera décisive au moment du débarquement en Normandie en juin 1944.

Les nombreux réseaux français d'évasion permettent à 4000 aviateurs américains et britannique de rejoindre la Grande-Bretagne ou l'Afrique française du Nord pour poursuivre la guerre, jouant ainsi un rôle important de la défaite allemande. Il convient

---

[62] *National Archives*, College Park.

d'y ajouter les 33 000 Français qui s'évadent de France par l'Espagne, grâce à ces réseaux d'évasion, dont 24 600 s'engagent ensuite dans les armées françaises de libération en Afrique du Nord ou en Grande-Bretagne. À ces chiffres, il convient d'adjoindre 16 000 étrangers passés par les Pyrénées durant la même période, portant le chiffre total des évadés de France à environ 53 000 personnes.

Quand est-il maintenant de l'action des maquis dans la Libération de la France ? Les forces françaises de l'intérieur (FFI), regroupant l'armée secrète (AS), l'organisation de résistance de l'armée (ORA) et les francs-tireurs partisans (FTP), représentent une force de 300 000 hommes durant l'été 1944. La structure géographique influence la tactique des FFI. Le Nord de la France, pays à population relativement dense, industriel, le tout sillonné de nombreuses voies de communication, ne favorise que dans une mesure limitée l'organisation d'actions massives. Les sabotages ferroviaires, industriels et électriques représentent les principales opérations. Pour implanter des maquis, on n'envisage que les régions de Bretagne, de Normandie, ainsi que le triangle Jura-Morvan-Vosges. Quant aux possibilités de la Résistance dans le Sud de la France, les Alliés estiment qu'une importante guérilla peut-être menée efficacement. Le terrain souvent montagneux est très favorable à l'établissement d'importants maquis, refuges pour des milliers de patriotes. C'est ainsi que l'organisation de la zone sud prévoit l'emplacement de grands réduits, comme ceux du

Massif Central et des Alpes, ainsi que celui des Pyrénées, qui doit opérer vers le nord, c'est-à-dire vers le canal du Midi et la vallée de la Garonne.

Les nombreux maquis FFI (AS, ORA, FTP) du Sud-Ouest, du Centre et du Sud-Est, vont représenter une menace permanente pour les unités allemandes voulant rejoindre le front de Normandie ou celui de Provence. Retarder, et si possible paralyser les mouvements des troupes occupantes, est l'une des missions prioritaires des FFI, par les sabotages électriques et ferroviaires, les embuscades. Cette mission va être entreprise dès l'aube du 6 juin 1944. D'après l'historien Henri Noguères, « le bilan est éloquent : lignes téléphoniques coupées, QG allemand isolé, locomotives détruites, pylônes abattus, voies ferrées coupées, routes nationales minées, colonnes allemandes attaquées... »[63]

Le maréchal Gerd von Rundstedt, commandant en chef des forces allemandes de l'Ouest en 1944, tient à souligner les faits suivants : « Tous les chefs militaires allemands font état d'une révolte générale sur nos arrières durant l'été 1944. Des formations allemandes entières ont tout simplement été anéanties par les forces combattantes de la Résistance française. Les maquis nous ont infligé des pertes considérables, ramenant en certains endroits à 40% l'efficacité au combat de la Wehrmacht. Les Allemands

---

[63] Henri Noguères, *Histoire de la Résistance en France*, tome 5, éditions Robert Laffont, 1981.

avaient pour la Résistance française une crainte énorme, parfaitement justifiée par l'importance considérable des sabotages, des embuscades, sans oublier l'efficacité redoutable des réseaux de renseignement, dont les documents transmis aux Alliés décidèrent du choix du débarquement en Normandie. »[64]

Le général américain Marshall, chef d'état-major des armées américaines, a déclaré : « La Résistance française a dépassé toutes nos prévisions. C'est elle qui, en retardant l'arrivée des renforts allemands et en empêchant le regroupement des divisions allemandes à l'intérieur, a assuré le succès de nos débarquements. Sans vos troupes du maquis, tout était compromis. »[65]

La lutte que les FFI engagent contre l'occupant ne se limite pas à la guérilla et aux sabotages divers. De véritables batailles vont avoir lieu sur tout le territoire : Saint-Marcel, mont Mouchet, le Vercors, mont Gargan, Picaussel, Mouleydier, Javerlhac, l'Isle-Jourdain, l'Ain, Autun, Maisey, Piquante-Pierre, etc...

Sur les 400 000 soldats allemands positionnés dans le sud de la France en 1944, soit la moitié du territoire national, 13 000 sont capturés par les FFI en Midi-Pyrénées durant l'été 1944, 20 000 au sud de la Loire et 5000 dans la région d'Autun lors d'actions conjointes des FFI et des Alliés ; les garnisons

---

[64] *Archives militaires allemandes*, Fribourg-en-Brisgau.

[65] *National Archives*, College Park.

allemandes de Limoges, de Brive, de Saint-Astier, de Tarbes, de Lourdes, de Borce, de Saint-Jean-de-Luz, d'Oloron et de Rimont (représentant un total de 4000 soldats) sont capturées par les maquisards français. En Haute-Savoie, 3500 soldats allemands se rendent à la Résistance. Les FFI doivent également enlevé de haute lutte, sur les fronts de l'Atlantique et des Alpes, les dernières places fortes allemandes en avril et mai 1945, où 132 500 soldats ennemis sont finalement tués ou capturés. Les FFI (AS, FTP, ORA) forment en effet le gros des bataillons engagés sur ces deux front oubliés (Atlantique et Alpes) de la Seconde Guerre mondiale.

Ainsi sur les 400 000 soldats allemands présents dans le sud de la France en 1944, au moins 173 000 sont mis hors de combat par les forces combattantes de la Résistance en 1944-1945, avec parfois l'aide des troupes alliées et de l'armée française.

L'action importante des FFI et des paras gaullistes en Bretagne permet de fixer dans la guérilla 150 000 soldats allemands, dont seulement 60 000 parviennent à rejoindre très en retard le front de Normandie : totalement éreintés, car contraints de monter en ligne à pied. Les sabotages ferroviaires et les embuscades ont joué ainsi un rôle de premier plan. Eisenhower a estimé l'apport de la Résistance à 15 divisions : il n'y a jamais eu plus de 32 divisions alliées en Normandie, dont seulement 8 divisions les premiers jours du débarquement. Que se serait-il passé si les nombreux renforts allemands avaient pu être engagés à temps en Normandie ? Comme on peut le constater par les faits et les chiffres, l'action de la Résistance intérieure dans la Libération est loin d'être négligeable.

Le 5 juin 1944, veille du débarquement en Normandie, plus de 5000 résistants ont dynamité plus de 500 ponts sur les voies stratégiques françaises. D'après les experts militaires allemands et alliés, ils ont retardé les mouvements stratégiques des troupes allemandes de 48 heures en moyenne. « Tactiquement, écrit le général Eisenhower, ces deux jours furent d'une valeur inestimable. Ils ont sauvé un nombre incalculable de vies américaines. Auparavant, la Résistance française avait transmis des renseignements de première importance, précis et abondants, jusqu'à 300 rapports par jours, au point que les officiers alliés en savaient parfois plus sur le dispositif allemand que les officiers allemands eux-mêmes. Le plan Vert (bataille du rail) et le plan Violet (pour les PTT) ont été particulièrement efficaces : 600 déraillements ont eu lieu hors du front, 1800 locomotives et 6000 wagons ont été immobilisés en juin et juillet 1944. »[66]

Contrairement à ce qui est écrit par certains « historiens », on ne peut réduire les pertes allemandes de l'été 1944 contre la Résistance à 7900 soldats (tués, blessés, prisonniers). Rien que dans la région Midi-Pyrénées, 13 000 soldats allemands sont capturés par les FFI durant cette période.

---

[66] Général Eisenhower, *Mémoires sur la Deuxième Guerre mondiale*, éditions Robert Laffont 1949.

Durant la première semaine de juin 1944, le 95e régiment allemand de sécurité, cantonné à Brive et engagé dans la lutte contre les maquis de la région, déplore 318 hommes hors de combat (tués, blessés ou disparus) sur un effectif total de 900 hommes environ. Un rapport du commandement allemand sur les pertes allemandes du 6 juin au 4 juillet 1944, dans la lutte contre les maquis en Limousin, Périgord et Quercy fait état de 7900 tués ou blessés et 4800 prisonniers ou disparus, soit un total de 12 700 soldats allemands hors de combat.

D'autre part, les unités allemandes luttant contre la Résistance sont loin de représenter des troupes de second ordre. Des éléments de la 11e panzerdivision sont engagés durant l'été 1944 contre les maquis du Périgord. Le 1er juin 1944, La 2e panzerdivision Waffen SS Das Reich, reformée dans le Sud-Ouest de la France, aligne 17 283 soldats au total, 54 chars Panzer IV et 63 Panther V. Nous sommes loin d'une unité de second ordre. Environ 8300 soldats de cette division sont engagés jusqu'à la fin juin 1944 contre les maquis du Sud-Ouest. La Résistance du Sud-Ouest fixe dans la guérilla environ 50% des effectifs de cette division d'élite jusqu'à la fin juin 1944, et même au-delà puisque qu'on remarque toujours la présence de plusieurs compagnies de cette division maudite début août 1944, notamment dans la région des Pyrénées. Le général américain Eisenhower reconnaîtra que ce retard a sauvé la tête de pont allié en Normandie et l'historien allemand Hans Luther écrira que « cette division d'élite n'a pas pu être placée en temps utile sur le front de Normandie ».[67]

L'historien Olivier Wieviorka écrit de son côté que « l'application du plan Tortue permit de retarder l'acheminement des renforts ennemis vers le front de Normandie. Parties de Pologne, le 12 juin, la 9e et la 10e Panzer SS rejoignirent la Lorraine le 16, mais n'arrivèrent à Alençon que le 25. La 27e division d'infanterie allemande mis dix-sept jours pour se rendre de Redon à Avranches, soit une moyenne de 11 kilomètres... par jour ! »[68]

Le colonel américain Will Irwin, historien spécialiste des forces spéciales alliées, tient à rappeler les faits suivants : « Les combattants de la Résistance française, appuyés par un nombre croissant de forces spéciales alliées, ont fait beaucoup de dégâts. Fin juin 1944, ils ont coupé 500 nouvelles voies ferrés, pris en embuscade un nombre incalculable de convois allemands et rendu quasi inopérant le réseau de communication de l'ennemi.

« Les efforts combinés des forces aériennes et de la Résistance ont provoqué des retards importants dans l'acheminement de plusieurs divisions allemandes vers la Normandie. Eisenhower rapportera plus tard aux chefs d'état-major que si l'ennemi avait, dès le début du débarquement, décidé

---

[67] *Archives militaires allemandes*, Fribourg-en-Brisgau.

[68] Olivier Wieviorka, *Histoire de la Résistance 1940-1945*, éditions Perrin 2013.

d'engagé ses divisions les plus proches (quatre de panzers et six d'infanterie), les Alliés auraient été rejetés à la mer.

« Des estimations plus tardives ont conclu que les actions des FFI provoquèrent un retard moyen de deux jours pour les unités allemandes à destination de la Normandie. Mais dans certains cas ce fut bien pire, comme pour la division Waffen SS Das Reich. Le haut-commandement allemand espère la voir arriver le 9 juin, mais ce n'est que deux semaines après cette date qu'elle rejoint la Normandie, sérieusement diminuée. La 1ère division Panzer SS Leibstandarte Adolf Hitler met plus de sept jours à parcourir en train les 300 kilomètres qui séparent Louvain, en Belgique, de Paris, trajet d'une journée en théorie. La division se trouve alors à 150 kilomètres des combats et doit effectuer le reste du trajet par la route. Après avoir atteint le Rhin en provenance du front de l'Est en moins d'une semaine, une autre division Panzer met trois semaines pour atteindre Caen. Et la 276e division d'infanterie en met dix-neuf pour arriver en Normandie depuis Nice.

« Les deux divisions Panzer du 2e corps SS sont envoyés par train en Normandie le 12 juin, chaque division nécessite plus d'une centaine de trains pour être convoyée. Ce trajet, qui n'aurait dû prendre plus de deux jours et demi, dure le double, en raison des attaques incessantes de la Résistance. Et encore, l'état des rails et des locomotives contraint-il les véhicules chenillés de ces divisions à terminer le voyage par la route, soit 350 kilomètres qui réduisent la durée de vie des véhicules de moitié à un moment où ils font cruellement défaut.

« Même les unités stationnées à proximité de la Normandie sont ralenties. La 275e division d'infanterie allemande est cantonnée à moins de 200 kilomètres au sud-ouest du champ de bataille, à Redon précisément, quand elle reçoit l'ordre de gagner la Normandie. Après six coupures sur la voie ferrée, un certain nombre d'embuscades du maquis, la division arrive enfin à Saint-Lô, cinq jours plus tard.

« Tout cela permet aux Alliés de gagner un temps précieux à un moment où des milliers de troupes et des tonnes de matériel sont débarqués quotidiennement. En plus de retarder les mouvements des troupes, la capacité des Allemands à ravitailler celles de Normandie est littéralement réduite à néant par la destruction du réseau de transport – les embuscades du maquis et les raids de l'aviation sur les dépôts d'essence et de munitions ne font qu'ajouter au problème.

« Mais les attaques des FFI contre les communications allemandes sont aussi importantes. En détruisant les centraux téléphoniques, les standards et les boites de dérivation, comme en coupant les fils téléphoniques et les câbles de télégraphe, les maquis contraignent les Allemands à effectuer de plus en plus de communications radio, plus faciles à intercepter pour les Alliés. Et, les Alliés ayant déchiffré le code Enigma des Allemands, ces interceptions offrent aux premiers des renseignements inestimables sur les mouvements et les intentions des seconds (…).

« La Résistance française et les forces spéciales alliées (commandos parachutistes) ont rempli leur rôle pour aider Eisenhower à consolider sa tête de pont sur le continent. »[69]

Sur les 190 000 soldats allemands (terre, marine, aviation, police, sécurité, SS) présents dans le Sud-Ouest en mai 1944 (Aquitaine, Charente, Charente-Maritime, Limousin et Midi-Pyrénées), 32 700 sont mis hors de combat (tués, blessés ou capturés) en juin, juillet et août 1944 par les FFI (AS, FTP, ORA), 25 000 au Sud de la Loire et dans la région d'Autun en septembre 1944 par les FFI et des unités alliées, 30 000 de septembre 1944 à mai 1945 sur les fronts de l'Atlantique de Charente-Maritime et du Médoc par les forces militaires françaises, majoritairement issues des maquis, soit un total de 87 700 soldats allemands tués, blessés, capturés de juin 1944 à mai 1945.

Des extraits du journal de marche du groupe d'armées G (1ère et 19e armées allemandes), regroupant les troupes d'occupation du sud de la France, soit la moitié du territoire national, prouvent l'efficacité de l'action menée par les unités de la Résistance :

---

[69] Will Irwin, *Les Jedburghs, l'histoire secrète des forces spéciales alliées en 1944*, éditions Perrin 2008.

« 10 juin 1944 : situation terroriste dans le sud de la France devient de plus en plus menaçante. Constitution de fortes bandes dans la région des Pyrénées : Foix, Tarbes, Pau, Auch. Communications par voie de terre Toulouse-Bordeaux fortement menacées. Les effectifs dont on dispose sont toujours sur la brèche.

« 12 juin 1944 : depuis le début du débarquement, renforcement considérable de l'activité des bandes. Accroissement des actes de sabotage. Recrudescence des actes de terrorisme et des attaques contre nos soldats. Terroristes et mouvements de Résistance ont réalisé mobilisation dans certains départements et sont également passés à l'attaque d'éléments allemands. L'évolution de la situation exige un commandement unique et énergique dans tout le sud de la France (...).

« 29 juin 1944 : ordre de retrait de la 189e division d'infanterie, opérant contre les terroristes dans la région de Toulouse, serait une catastrophe.

« 11 juillet 1944 : activité renforcée des terroristes. Nombre d'agressions de membres de la Wehrmacht et actes de sabotage augmentent de jour en jour.

« 29 juillet 1944 : la situation de la zone arrière du groupe d'armées G est telle qu'on ne peut plus parler de souveraineté du territoire. Retrait constant de troupes de la zone du groupe d'armées G entraîne sévère menace sur isthme Atlantique-Méditerranée.

« 7 août 1944 : en gros, le terme « mouvement de terroristes » n'est plus valable. Il s'agit plutôt maintenant d'une armée organisée qui se tient sur les arrières du groupe d'armées G. En cas de dégradation de la situation, on peut s'attendre à un soulèvement populaire qui montrera non pas un peuple français fatigué mais des gens d'un tempérament enflammé.

« 14 août 1944 : situation intérieure caractérisée par poussée des mouvements de Résistance sur les principaux axes de communications. Attaques sur organismes isolés dont la situation devient intenable et qui permettent aux mouvements de Résistance de prendre sous leur coupe des territoires libérés. »[70]

Ce chapitre ne serait pas complet en rappelant certains faits suivants : l'historien américain Robert Paxton, auteur d'un ouvrage remarqué par les médias sur la France de Vichy, donne une image caricaturale de la Résistance intérieure, en présentant des chiffres douteux, afin de limiter son rôle dans la victoire des Alliés.[71] D'après lui, peu de Français ont appartenu à la Résistance, la population étant majoritairement vichyste. Il ne fait que reprendre un postulat gauchiste, hérité des années 1960, voulant nous faire croire que nos parents et nos grands-parents ont été des collabos et

---

[70] *Archives militaires allemandes*, Fribourg-en-Brisgau.

[71] Robert Paxton, *La France de Vichy 1940-1944*, éditions Le Seuil 1973.

des lâches. Le film très contestable *Le chagrin et la pitié* a également largement participé à ce masochisme national.

Il est significatif de constater que Robert Paxton limite la résistance de l'armée française, en mai-juin 1940, à un événement portant sur la mise à mort d'un officier français, abattu par ses propres hommes, car il refusait de se rendre. Par cet exemple, il tente d'accréditer la thèse d'une France peureuse et collaboratrice. Pour cet auteur, les troupes allemandes luttant contre la Résistance se limitent aux régiments de sécurité de police, alors qu'en réalité de nombreuses unités de la Wehrmacht et des Waffen SS ont également été engagées dans la lutte contre les maquis, comme la 157e division de montagne, la division blindée SS Das Reich, la 189e division d'infanterie, la 11e panzerdivision, les brigades Jesser et Bauer, et bien d'autres unités régulières. Mais pour Paxton, la Résistance française n'a joué qu'un rôle mineur, donc tout est bon pour la disqualifier, même par des méthodes malhonnêtes sur la plan intellectuel et historique. L'historien britannique Antony Beevor utilise les mêmes méthodes douteuses dans son livre *D-Day et la bataille de Normandie*, en minimisant à l'extrême le rôle des maquis dans la libération de la France. Il va jusqu'à attribuer des pertes ridicules aux unités allemandes engagées contre la Résistance, correspondant à aucunes sources sérieuses.[72]

---

[72] Antony Beevor, *D-Day et la bataille de Normandie*, éditions Calmann-Lévy

L'historien Alfred Grosser, lors d'un colloque à Bordeaux dans les années 1990, avaient osé annoncer, devant un public peu enclin à la véracité historique, que « la Résistance française avait finalement joué un rôle mineur ».[73] Ce lui qui avait valu une vibrante réplique d'un ancien combattant de la France libre, heureusement présent dans la salle, scandalisé par des propos aussi injustes qu'infondés.

Or, lorsque nous prenons la peine de dépouiller les archives allemandes, françaises et alliées, nous découvrons une vérité nettement moins sombre que cette caricature masochiste.

Outre les 450 000 Français agent permanents ou occasionnels des réseaux, on peut ajouter que de nombreux autres Français, sans être affiliés à un réseau ou à un mouvement, ont rendu des services à la Résistance. À titre d'exemple, mon grand-père paternel, Lucien Lormier, ingénieur de son métier, cache fin juin 1940 avec son équipe un puissant radar militaire français à Montpellier, installé à l'origine au Bourget, matériel qui va ainsi cruellement manqué aux Allemands lors de la bataille d'Angleterre de juillet-novembre 1940. Or cet acte de résistance, authentifié par divers survivants, est tombé totalement dans l'oubli. Sous l'Occupation, le même Lucien Lormier, directeur adjoint d'une

---

2009.

[73] Entretiens de l'auteur avec Guy Cartaud, ancien combattant de la France libre, avril 2000, Bordeaux.

usine hydro-électrique dans l'Aisne, cache des Juifs, des aviateurs alliés, des réfractaires du STO, des résistants et autres clandestins recherchés par les Allemands. Il n'appartient à aucun réseau et mouvement mais rend divers services, pouvant causer sa déportation et celle de sa famille, sans rechercher une quelconque reconnaissance par la suite. Il fait partie de ces anonymes qui ont sauvé la vie à de nombreux compatriotes et militaires alliés.

Je peux également citer l'exemple du grand-père maternel de mon épouse, Richard Vibert, ingénieur des Eaux et Forêts à Oloron-Sainte-Marie, dans les Basses Pyrénées sous l'Occupation, qui cache de nombreux résistants devant passer la frontière espagnole, pour rejoindre les Alliés en Afrique du Nord ou en Grande-Bretagne. Lui aussi n'a jamais revendiqué après la guerre une quelconque appartenance à la Résistance, alors que diverses réunions de résistants locaux, dont ceux issus du célèbre corps franc Pommiès, se déroulaient chez lui. Tout comme Lucien Lormier, Richard Vibert appartient à ces patriotes dont la grandeur d'âme, l'intelligence du cœur et le courage allaient de pair avec la modestie et l'humilité. Ils ont pourtant risqué leur vie et celle de leur famille pour aider la cause résistante et celle des Alliés. Nous pourrions multiplier les exemples à ce sujet.

Aux côtés des 450 000 Françaises et Français ayant appartenu à des réseaux et des mouvements de la Résistance intérieure, il convient d'y ajouter les 300 000 maquisards homologués des forces françaises de l'intérieur, séparés des réseaux pour des raisons impératives de sécurité, regroupant l'armée secrète (AS), les francs-tireurs partisans (FTP) et l'organisation de Résistance de l'armée (ORA). On atteint ainsi le chiffre total de 750 000 résistants et maquisards français, sans compter les très nombreux anonymes, comme Lucien Lormier et Richard Vibert, affiliés à aucun mouvement et qui ont pourtant incontestablement accompli des actes de résistance. Nous pourrions multiplier les exemples à ce sujet.

Parmi les nombreux morts de la Résistance intérieure, figure Georges Bernard, membre du réseau de la Confrérie Notre-Dame, fusillé par les Allemands le 10 décembre 1941 au mont Valérien. Ce jeune homme de 20 ans a accepté de mourir pour la France dans des conditions qui forcent l'admiration. En 1947, une lettre bouleversante sera adressé à sa mère par Werner Molter, le sous-officier allemand qui avait accompagné son fils au poteau d'exécution :

« Madame,

« J'ai la tâche honorable de vous remettre les notes de votre fils, que celui-ci m'a confiées quelques minutes avant le départ pour le mont Valérien, car il craignait que ses effets ne disparaissent du tribunal, où ils devraient être remis, et pensait qu'ils n'arriveraient ainsi jamais chez vous. En ce temps-là, j'étais au bureau de la troisième division à Fresnes, et les autres jeunes gens se souviendront probablement du grand sous-officier aux lunettes.

« J'étais souvent dans la cellule de votre fils à qui j'ai donné de temps en temps des livres pour sa distraction et avec qui j'aimais tant m'entretenir. Chaque fois que j'y allais, j'étais étonné à la fois de son intelligence et de son courage. Il m'a toujours parlé de vous, de sa petite sœur et de son beau pays qu'il ne devait plus revoir. Que je vous parle des dernières heures de votre fils et de ses camarades, je peux dire que je n'ai jamais revu un tel héroïsme. Ils m'ont invité à les accompagner jusqu'au mont Valérien. Pendant le trajet en autobus de Fresnes à travers Paris jusqu'au mont Valérien, ils montrèrent un état d'esprit qui est impossible à décrire. Ils ont alternativement fumé, plaisanté, chanté des chansons populaires et plusieurs fois la Marseillaise ; pas une plainte, pas une larme. Au mont Valérien, avant d'être fusillés, le prêtre les a réunis encore pour un quart d'heure. Et voici les dernières minutes : tous refusèrent de se faire bander les yeux. Tous moururent debout, sans trembler, en s'écriant "Vive la France !", trois d'entre eux donnèrent même l'ordre "Feu !". Je ne puis vous dépeindre tout cela par des mots nus, mais croyez-moi, Madame, nous tous qui assistions à ce dernier moment fûmes émus jusqu'aux larmes de voir une telle mort et un tel héroïsme. Et j'espère que cela vous donnera à vous et à aux parents de tous les autres héros un peu de consolation et de force de savoir que votre fils et ses camarades si fiers et courageux sont morts comme les dignes héros de la Résistance pour la libération de leurs pays.

« Veuillez croire, Madame, à mon profond respect et à ma sincère sympathie. »[74]

---

[74] *Archives du centre national Jean Moulin*, Bordeaux.

12

NORMANDIE ET PROVENCE : DES DÉBARQUEMENTS ET DES COMBATS MENÉS À 60% PAR DES TROUPES NON AMÉRICAINES !

L'historiographie officielle met toujours en avant l'armée américaine dans le succès des Alliés en Normandie de juin-août 1944, en oubliant de mentionner que 75% des divisions blindées allemandes (panzerdivisions), engagées lors de cette bataille, ont lutté contre les armées britanniques et canadiennes. Les effectifs militaires alliés, présents sur le front normand de l'été 1944, sont également révélateurs, avec 1 925 000 soldats britanniques, canadiens et français libres (terre, marine, aviation) contre 1 527 000 soldats américains. Du 6 au 10 juin 1944, 81 445 soldats britanniques, canadiens et français libres débarquent sur les plages normandes de Sword, Juno et Gold, contre 73 000 soldats américains sur les plages normandes d'Omaha et d'Utach, sans oublier 1045 chars britanniques et canadiens contre 433 chars américains. Pour cette opération du D-Day, les flottes britanniques, canadiennes et françaises libres engagent 1619 navires de transport, 348 navires de guerre et 1145 barges de débarquement, tandis la flotte américaine se compose de 1 188 navires de transport, de 324 navires de guerre et de 836 barges de débarquement. Ainsi, contrairement à la propagande des films d'Hollywood, le débarquement de Normandie est majoritairement une opération militaire britannique, canadienne et française libre, à environ 60% ! Seuls les parachutages des troupes sur les arrières des défenses allemands sont majoritairement américains, avec 15 500 paras américains contre 6250 paras britanniques, canadiens et français libres. Face aux 1045 chars britanniques, canadiens et 433 chars américains débarqués en Normandie, les Allemands ne peuvent opposer que 127 chars les premiers jours.

Les films historiques les plus récents traitant du débarquement de Normandie en juin 1944, comme notamment *Il faut sauver le soldat Ryan* de Steven Spielberg (récompensé par cinq oscars en 1998), mettent uniquement en avant le sacrifice déployé par les soldats américains, laissant ainsi croire que cette gigantesque opération amphibie aurait été avant tout une affaire américaine. Il est d'ailleurs significatif de constater que le film de Spielberg fait totalement l'impasse sur la participation britannique et canadienne, sans parler du rôle joué par d'autres Alliés, dont la Résistance française. Consacré par les critiques et plébiscité par les spectateurs à l'échelle internationale, ce film a si profondément et durablement marqué les esprits du monde entier que la mémoire collective est, aujourd'hui, persuadée que les troupes américains ont été les uniques unités engagées massivement en Normandie. Lors des commémorations anniversaires de cette bataille, en juin 2009, le gouvernement français n'avait pas trouvé opportun d'inviter une haute personnalité britannique, fixant surtout son intention sur la présence du président américain, ce qui avait provoqué un véritable tollé médiatique en Grande-Bretagne.

Quel contraste avec le film de Cornelius Ryan *Le Jour le plus long* de 1962, portant sur le même sujet mais mettant en valeur tous les Alliés, aussi bien Américains, que Britanniques et Français. Cette approche objective et pluraliste a cédé le pas à un « américanocentrisme » forcené, faisant ainsi l'impasse sur l'honnêteté intellectuelle pourtant indispensable pour connaître l'histoire dans son ensemble. Les médias passent généralement sous silence les films de guerre osant relater des faits militaires où la toute puissance américaine n'est pas concernée... On juge cela trop « franco-français », voir ringard... L'historiographie récente tombe souvent dans ce piège de la pensée unique, par une mise en valeur de l'armée américaine à tous les niveaux et un dénigrement de ce qui vient d'autres pays alliés.

L'opération Overlord commence tôt, dans la nuit du 5 au 6 juin 1944, par le largage entre 0 heure 15 et 2 heures 30 des troupes aéroportées (101e et 82e divisions aéroportées américaines et 6e division parachutiste britannique) devant couvrir les flancs de la zone de débarquement, du Calvados à la Manche, de la vallée de la

Dives, point extrême à l'est (secteur britannique), à Sainte-Mère-Église, point extrême à l'ouest (secteur américain). Elle se poursuit, jusqu'au lever du soleil, par le pilonnage de l'artillerie navale et les bombardement aériens des défenses allemandes du littoral, pendant que la Résistance multiplie les sabotages sur les arrières.

Plus de 6000 navires ont traversé la Manche par une nuit de grand vent et une pluie battante. Ils ont navigué sur un front large de 80 kilomètres, transportant 185 000 hommes et quelques 20 000 véhicules. Les Américains débarquent à 6 heures 30 à Omaha Beach et Utah Beach, tandis que les troupes du Commonwealth atteignent les plages de Sword Beach, Juno Beach et Gold Beach à 7 heures 30. L'ensemble s'articule de la façon suivante :

- Sword Beach, entre Ouistreham et Lion-sur-Mer, dévolue à la 3ᵉ division britannique du général Rennie.

- Juno Beach, entre Luc-sur-Mer et Graye-sur-Mer, relevant de la 3ᵉ division canadienne du général Keller.

- Gold Beach, entre Graye-sur-Mer et Arromanches-les-Bains, secteur rattaché à la 50ᵉ division britannique du général Graham.

- Omaha Beach, entre Colleville-sur-Mer et Vierville-sur-Mer, dépendant du 5ᵉ corps d'armée américain du général Gerow.

- Utah Beach, sur la côte Est du Cotentin, dévolue au 7ᵉ corps d'armée américain du général Collins.

Dans le secteur de Sword Beach, un commando de fusiliers marins, composé de 177 Français libres, aux ordres du capitaine de corvette Philippe Kieffer, participe aux opérations aux côtés des Britanniques.

Le soir du 6 juin, le maréchal Rommel est obligé de constater que les faibles réserves de son armée ont déjà été jetées dans la bataille. Les généraux des unités d'infanterie attendent l'arrivée des divisions blindées ; ils espèrent que leur intervention permettra alors de rejeter les Alliés à la mer. Mais rien ne vient, les stocks s'amenuisent et, d'un bout à l'autre du front, ordre est donné de réduire la cadence des tirs. Un découragement général a commencé à gagner les états-majors allemands, et il risque d'influer sur les combats qui vont suivre. La tournure de la bataille donne en partie raison à Rommel, qui désirait que les panzerdivisions soient plus près des côtes, afin d'être en mesure de contre-attaquer le jour même du débarquement. Mais cette opération amphibie constitue pour l'ensemble du commandement du Reich une cascade de surprises. Elle intervient d'abord en Normandie et non dans le Pas-de-Calais. Elle se produit à l'aube, à mi marée et à la fin d'une période de mauvais temps.

Le choix du lieu du débarquement est une preuve évidente de l'efficacité de la Résistance française. Le général américain Omar Bradley affirmera à Jacques Piette, inspecteur régional des FFI (forces françaises de l'intérieur) : « J'ai à vous témoigner la satisfaction de l'armée américaine à l'égard de la Résistance française. C'est en effet, à la suite de la réception à Londres du plan de défense côtière de la Manche que nous avons choisi le point de débarquement. Les renseignements qui figuraient sur ce plan étaient d'une telle valeur que nous avons pu réussir l'opération de débarquement. »[75]

Les opérations de débarquement se poursuivent tout au long de la journée du 6 juin, tantôt sans grande difficulté comme à Utah Beach, tantôt avec des pertes humaines considérables comme à Omaha Beach. Au soir, les troupes alliées sont solidement établies sur les côtes normandes. La majorité des ouvrages de défense et des batteries du Reich sont neutralisés. Plus de 150 000 soldats et 20 000 véhicules alliés sont débarqués.

Les jours suivant permettent un élargissement des têtes de pont avec la présence au soir du 12 juin de 16 divisions, comprenant plus de 320 000 hommes et 54 000 véhicules, ce qui permet aux Alliés dans les semaines suivantes de consolider leurs positions avant de percer les défenses allemandes.

Sword Beach : Bénouville et Ranville

Des planeurs Horsa, tirés par des avions Stirling et Halifax, transportent des parachutistes de la 6ᵉ division parachutiste britannique, dont l'une des compagnie est commandée par le major

---

[75] *Archives du centre national Jean Moulin*, Bordeaux.

John Howard. La mission des paras doit permettre la prise des ponts intacts sur le canal de Caen et sur l'Orne, à Bénouville et Ranville.

En moins de dix minutes, le 6 juin 1944, le pont ouvrant de Bénouville, connu aujourd'hui sous le nom de Pegasus Bridge, tombe aux mains des paras du major Howard, qui résistent aux contre-attaques allemandes et tiennent l'édifice jusqu'à l'arrivée des renforts. Le pont de Ranville est également enlevé et vigoureusement défendu par les paras britanniques qui repoussent huit contre-attaques allemandes.

Sword Beach : Merville

Merville est défendu par des abris bétonnés, comprenant une garnison allemande de 200 hommes. Le 6 juin, à partir de 4 heures 45, le 9e bataillon de paras britannique de la 6e division s'empare de la position. La garnison allemande, presque entièrement anéantie, ne compte plus qu'une trentaine de survivants. L'endroit, très disputé entre les Britanniques et les Allemands, change sept fois de main.

Sword Beach : Colleville et Ouistreham-Riva-Bella

Lieu de débarquement de la 3e division d'infanterie britannique, le 6 juin à 7 heures 30, le site de Colleville se trouve défendu par de nombreux ouvrages bétonnés du 736ᵉ régiment allemand de grenadiers. La résistance allemande y est faible. Les troupes britanniques s'emparent facilement de leurs objectifs.

À 7 heures 20, le 6 juin, l'artillerie navale ouvre un feu roulant sur Ouistreham et Riva-Bella, afin de préparer le terrain au 1ᵉʳ bataillon de fusiliers marins du commando franco-britannique du capitaine de corvette Philippe Kieffer, qui débarque à 8 heures 30. L'endroit est défendu par de nombreuses positions bétonnées, dont le casino transformé en fortin. À peine débarqués, les fusiliers marins français subissent de lourdes pertes. Un quart des effectifs français tombe sous les balles ou les obus. L'appui des blindés est nécessaire pour venir à bout de la résistance allemande.

Sword Beach : Hermanville-sur-Mer, Lions-sur-Mer et Luc-sur-Mer

Malgré la houle, les troupes britanniques parviennent à y faire débarquer une vingtaine de chars. La commune d'Hermanville-sur-Mer est libérée le 6 juin vers 10 heures. Au large, le cuirassé français Courbet doit s'échouer, afin de former une brise lame.

La commune de Lions-sur-Mer est libérée le 7 juin par le 41ᵉ Royal Marine Commando, après un combat difficile. Tandis que le 46ᵉ Royal Marine Commando s'empare de Luc-sur-Mer le même jour, où un premier commando britannique y avait été engagé le 28 septembre 1941, afin de tester les défenses allemandes.

Sword Beach : Caen et Carpiquet

L'avance des troupes britanniques est finalement stoppée au nord de Caen. La ville va être totalement détruite lors de plusieurs bombardements de l'aviation alliée. La résistance allemande des 716e division d'infanterie, 272e division d'infanterie, 12e panzerdivision SS Hitlerjugend, de la 21e panzerdivision et d'autres unités est acharnée. Durant plusieurs semaines, tous les assauts britanniques du 21e groupe d'armées sont repoussés.

Le 12 juin 1944, à 25 kilomètres au sud-ouest de Caen, les chars lourds allemands Tigre I de 56 tonnes du 501e bataillon font des ravages dans les rangs de la 7e division blindée britannique. Cinq Tigre I conduit par l'officier Michael Wittmann détruisent 20 chars Cromwell de 28 tonnes en quelques minutes. Wittmann revendique à lui seul 10 chars Cromwell en cinq minutes. Les tankistes britanniques, traumatisés, marquent le pas.

À l'ouest de Caen, le village de Carpiquet se transforme en champ de bataille. De terribles combats opposent les troupes canadiennes aux jeunes fanatiques de la 12e panzerdivision SS Hitlerjugend. Certaines positions sont conquises au lance-flammes.

Juno Beach : Langrune-sur-Mer et Saint-Aubin-sur-Mer

La 3ᵉ division d'infanterie canadienne du général Keller débarque à Juno Beach, le 6 juin peu avant 8 heures. À Langrune-sur-Mer, la plupart des villas donnant sur la plage sont fortifiées par les Allemands. Le 48ᵉ Royal Marine Commando doit livrer de violents combats pour déloger les défenseurs de chaque maison et des autres positions fortifiées. La commune est libérée le 7 juin vers 15 heures 30.

Dès le mois d'août 1940, Maurice Duclos, dit Saint-Jacques, agent de la France libre, est envoyé par le général de Gaulle pour espionner les forces allemandes à Saint-Aubin-sur-Mer. Comme à Luc-sur-Mer, cette plage reçoit la visite d'un commando britannique en septembre 1941. Moins de trois ans plus tard, les soldats canadiens luttent avec fougue pour s'emparer des défenses allemandes. Les 22 chars débarqués vont faire la décision.

Juno Beach : Bernières-sur-Mer

Sur cette plage, longue de près de trois kilomètres, les péniches abordent Bernières le 6 juin vers 8 heures 10, sous un déluge de feu de l'artillerie allemande. Quatre-vingt-dix embarcations canadiennes sont détruites. Les soldats canadiens doivent parcourir 100 mètres à découvert avant d'atteindre la plage. Les habitants de la commune sont surpris, lors de la libération à 9 heures 30, d'entendre les soldats coiffés du casque britannique parler le français. Beaucoup de ces libérateurs sont en effets des Québécois.

Juno Beach : Douvres-la-Délivrande

Retirée à 2 kilomètres de la mer, une station radar allemande peut surveiller tout mouvement de navire venant de Grande-Bretagne. Le 6 juin 1944, les Alliés parviennent cependant à brouiller l'ensemble des installations, bien que le dernier radar Würzburg n'est pas été détruit par le bombardement.

La station, défendue par 238 soldats, de nombreuses pièces de DCA et des canons antichars, résiste onze jours aux assauts des troupes canadiennes. La reddition de la garnison est obtenue le 17 juin par des injections de gaz dans les bouches d'aération des bunkers.

Juno Beach : Courseulles-sur-Mer et Graye-sur-Mer

Ce petit port de pêche, connu pour sa production ostréicole, voit débarquer le 6 juin 1944 de nombreuses troupes canadiennes, qui subissent de lourdes pertes, dont 34 chars détruits sur les 40 débarqués.

Les bunkers déclenchent des tirs meurtriers. La commune n'est libérée que vers 10 heures. Dès le 8 juin 1944, l'embouchure de la Seulles abrite le premier port militaire de ravitaillement, avant l'achèvement du port artificiel d'Arromanches : 2 000 tonnes d'approvisionnements y sont débarqués chaque jour. Douze navires coulés forment une rade artificielle.

Le Royal Winnipeg Rifles s'empare de Graye-sur-Mer vers 9 heures le 6 juin. En revanche, le sanatorium résiste jusqu'au lendemain.

Gold Beach : Ver-sur-Mer et Asnelles-sur-Mer

La 50e division britannique d'infanterie, ainsi que la 8e division blindée débarquent à Gold Beach. Le débarquement à Ver-sur-Mer s'effectue à 7 heures 25, le 6 juin 1944, sans grande difficulté. À l'ouest de Ver-sur-Mer, le mont Fleury est l'objet d'une lutte farouche entre les Allemands et les Britanniques. Le sergent-major Stan Hollis y obtient l'unique Victoria Cross décernée le jour du débarquement. Ce soldat britannique fait preuve d'une remarquable bravoure en réduisant au silence deux bunkers et en sauvant deux soldats sous le feu de l'ennemi.

Sur la plage d'Asnelles-sur-Mer débarque le 1er Hampshure Régiment de la 231e brigade. Tout au long de la journée du 6 juin, cette unité se heurte à une solide résistance des Allemands installés dans les fortins du Hamel. La résistance allemande est finalement vaincue grâce à l'immense courage déployé par les troupes britanniques.

Gold Beach : Arromanches-les-Bains

Libérée le 6 juin 1944 par les chars britanniques venant de Saint-Côme-de-Fresné, la cité d'Arromanches est choisie par les Alliés pour la construction du port artificiel, destiné à ravitailler les troupes de débarquement, en attendant la prise d'un grand port.

Depuis l'échec de l'expédition de Dieppe, le commandement allié n'envisage pas la conquête d'un port par la mer, du fait de la multiplicité des défenses allemandes. Une fois terminé, l'ensemble représente une rade de 8 kilomètres de long pouvant recevoir les plus gros navires. Le 12 juin, plus de 300 000 hommes, 54 000 véhicules et 104 000 tonnes de ravitaillement ont été débarqués. Ce port a un rendement supérieur à ceux de Cherbourg et du Havre. Il voit débarquer en trois mois 2,5 millions de soldats, 500 000 véhicules et 4 millions de tonnes de matériel.

Gold Beach : Longues-sur-Mer

L'endroit escarpé présente un superbe champ de vision sur la mer à 63 mètres d'altitude. En septembre 1943, les Allemands décident d'y installer une batterie de quatre canons de 150 mm sous casemate portant à 20 kilomètres. En avant de la batterie, à 300 mètres, au bord de la falaise se trouve le poste d'observation.

Cette batterie est l'une des douze du littoral normand à ouvrir le feu sur la flotte alliée. La batterie est durement bombardée le 28 mai et le 3 juin 1944, mais sans grand effet. Chaque bunker mesure une quinzaine de mètres de longueur sur une dizaine de large. Les murs bétonnés ont 2 mètres d'épaisseur. Une épaisse couche de terre dissimule partiellement l'ensemble, également protégé par des mitrailleuses, des mines et des barbelés.

Dans la nuit du 5 au 6 juin 1944, 124 bombardiers britanniques lâchent 600 tonnes de bombes. Malgré ce déluge de feu, la batterie résiste et ouvre le feu à 5 heures 37 sur deux navires de guerre américains dont le cuirassé Arkansas. Le champ de tir des pièces couvre les secteurs de Gold et Omaha.

Les navires américains Ajax, Arkansas et ceux de la marine française Georges-Leygues et Montcalm parviennent à détruire trois des quatre pièces d'artillerie. Le dernier canon est définitivement réduit au silence par deux tirs du navire français Georges-Leygues. L'ensemble est occupé le lendemain par des détachement alliés, suite à la reddition de la garnison.

Gold Beach : Port-en-Bessin et Bayeux

La cité de Port-en-Bessin est libérée le 8 juin 1944, par le 47ᵉ Royal Marine Commando, après une résistance coriace de la garnison allemande. Le port permet de débarquer 1 000 tonnes de matériel par jour.

Située à 15 kilomètres du littoral, la ville de Bayeux est la seule de Normandie à avoir été épargnée par le combats. Libérée le 7 juin par les troupes britanniques, le général Eisenhower la visite le 12, accompagné de son fils en permission.

Le 14 juin, le général de Gaulle s'y rend également, afin d'y mettre en place le gouvernement de la France libre, avec la nomination du premier commissaire de la République, en la personne de François Coulet, et du premier sous-préfet, Raymond Triboulet. Le général de Gaulle est acclamé par plus deux mille personnes. Le chef de la France libre affirme ainsi sa volonté d'installer un gouvernement français indépendant et contrecarrer les ambitions américaines d'installer leur administration.

Omaha Beach la sanglante

Les 1ère et 29e divisions américaines d'infanterie doivent débarquer le 6 juin 1944 dans des conditions très difficiles en Normandie, à Omaha Beach.

« Le mauvais temps, écrit Philippe Lamarque, pose de graves problèmes de repérage. La marée est plus haute que prévu. L'angle des rampes d'assaut sur le sable s'en trouve affecté, et la menace des obstacles immergés s'avère plus importante. Les pertes sont dues à des chalands submergés, ayant heurté des obstacles minés, ou ayant subi un coup au but de l'artillerie côtière.

« À Omaha, les 1ère et 29e divisions perdent presque tout leur potentiel en chars et en engins de combat du génie avant d'atteindre la terre ferme. Elles restent bloquées sous le mur antichar en béton. Elles rencontrent une mauvaise surprise, non décelée par les services de renseignements qui ont mal évalué le "comité d'accueil" (sic) : outre le 726e régiment d'infanterie de la 716e division de fortification, surgit le renfort inattendu des 914e et 916e régiments de la 352e division d'infanterie. Ayant subi le marmitage dans des positions aménagées, elles comptent assez de survivants pour clouer l'assaut sur la plage. »[76]

Les 29 chars Sherman coulent et une large partie des 180 péniches chavirent. Les fantassins américains tentent de débarquer sous un terrible déluge de feu, venant de 85 bunkers. Il faut parcourir 200 mètres de plage pour trouver un abri derrière la digue.

Un compte rendu du 5e corps d'armée constate à 7 h 30 la situation pour le moins catastrophique : « Nos unités d'assaut sont en train de fondre à vue d'œil. Nos pertes sont très élevées. Le tir de l'ennemi nous empêche de nous emparer du rivage. »[77]

À 9 heures, la situation semble si critique, que le général Omar Bradley envisage de cesser les opérations de débarquement

---

[76] Philippe Lamarque, *6 juin 1944, le débarquement, opération Overlord*, éditions CMD 2001.

[77] *Archives du mémorial de Caen.*

dans ce secteur. Le colonel Taylor, engagé dans l'action, constate : « Il y a deux sortes d'individus qui restent sur la plage ! Les morts et ceux qui vont mourir ! Foutons le camp d'ici en vitesse. »[78]

Bradley ordonne alors à la flotte de tirer à nouveau sur les défenses allemandes. Cette décision importante permet aux soldats de progresser enfin, d'autant que l'infanterie allemande, à court de munitions, doit se replier. Les Américains parviennent à établir une fragile tête de pont de 1 à 2 kilomètres, au prix de plus de 3000 tués et autant de blessés ou disparus dans les vagues !

Englesqueville-la-Percée

La route côtière mène à ce village normand qui doit accueillir, durant l'occupation, une importante station radar, située exactement à la pointe de la Percée, un éperon rocheux identique à celui de la pointe du Hoc. L'ensemble est défendu par une batterie d'artillerie de campagne et une centaine de soldats allemands. Dès le mois de mai 1944, les radars sont détruits par les bombardement aériens.

Le 7 juin 1944, la prise du point fortifié est menée par le 2e bataillon américain de rangers, dont seulement 29 des 70 soldats engagés arrivent en haut de la falaise. Il faut l'appui de l'artillerie navale pour venir à bout de la résistance allemande. Lorsque les

---

[78] *Archives du mémorial de Caen.*

rangers parviennent au point fortifié, ils découvrent 69 cadavres ennemis.

La pointe du Hoc

Cette falaise normande haute de 30 mètres est puissamment fortifiée par les Allemands qui installent plusieurs bunkers et une batterie à découvert de six canons de 155 mm. La garnison repose sur 125 fantassins et 80 artilleurs, protégés dans des abris reliés par des tranchées bétonnées, derrière des barbelés et des mines. Cette position doit être prise d'assaut par le 2e bataillon de rangers du colonel James Rudder.

Dans la nuit du 5 au 6 juin 1944, 124 avions déversent 700 tonnes de bombes en quelques minutes. Puis un déluge d'obus de la flotte bouleverse davantage l'endroit, qui se transforme en terrain lunaire. Le cuirassé Texas tire à lui seul plus de 600 obus de 356 mm.

Le 6 juin, à 7 h 25, 225 rangers, répartis en trois compagnies, débarquent au pied de la falaise À l'aide de câbles, de grappins, d'échelles de corde, ils tentent d'escalader la falaise. Mais les Allemands, survivants du déluge de feu, opposent une résistance féroce : 135 rangers sur 225 sont mis hors de combat lors de l'assaut. La situation demeure indécise jusqu'au 8 juin.

« L'assaut, raconte Philippe Lamarque, prend vite l'aspect d'un siège médiévale. Rampant dans un paysage lunaire, perdant parfois la liaison avec le groupe voisin, sautant de cratère en cratère, les rangers s'emparent de la batterie complètement détruite, mais les canons n'y sont plus. Ils se retranchent, faute de mieux, dans la position conquise, durement harcelés par ce qu'il reste de la garnison. »[79]

Les rangers avaient étudié la position sur des photos aériennes, mais lorsqu'ils y parviennent, ils ne reconnaissent rien tant le terrain a été bouleversé par les obus et les bombes. Mais cette victoire semble inutile du fait que les canons ont été démontés et déplacés à plusieurs kilomètres en arrière.

L'ensemble représente aujourd'hui un site de 25 hectares, où sont toujours visibles les tranchées, les trous d'obus et de bombes, les blockhaus défoncés. Des corps allemands et américains demeurent toujours sous les gravats. Le terrain est concédé au gouvernement américain, qui le transforme en sanctuaire militaire. À la pointe extrême se dresse une aiguille de granit, installée à la place de l'ancien poste de tir. Sur une croix fichée en terre, on peut lire l'inscription suivante : « Ici des

---

[79] Philippe Lamarque, op.cit.

combattants demeurent. La bataille, dans son chaos, les a unis pour l'éternité. »[80]

Grandcamp-Maisy

Le village de Maisy, situé en retrait du littoral normand, est défendu par les batteries allemandes de La Martinière et de La Perruque. Menaçant le secteur d'Utah sur la côte est du Cotentin, elles sont neutralisées dans l'après-midi du 6 juin par le croiseur Hawkins.

Utah Beach : Sainte-Mère-Église

Le 6 juin 1944, vers 1 heure du matin, les 15 000 parachutistes américains des 82e et 101e divisions aéroportées, commandées respectivement par les généraux Rigdway et Taylor, sont largués au-dessus et autour de la cité de Sainte-Mère-Église, afin d'attaquer les arrières des défenses allemandes.

Le parachutage, trop imprécis, cause l'égarement d'un nombre importants de paras, si bien que seulement 6000 parviennent à se regrouper dans un premier temps. Certains se noient dans les marécages des environs, d'autres sont abattus par les patrouilles allemandes.

---

[80] *Archives du centre national Jean Moulin*, Bordeaux.

La DCA de la Luftwaffe fait également des ravages chez les avions chargés du parachutage. Les survivants se rassemblent à l'aide d'un jouet métallique imitant le bruit du criquet. Son bruit se confond avec celui du chargement du fusil Mauser de la Wehrmacht !

En engageant les réserves allemandes à la recherche des parachutistes dispersés, le commandement allemand tombe dans le piège, ce qui facilite le débarquement sur le littoral. Les paras américains parviennent à se rendre maîtres de Sainte-Mère-Église, défendue par la 91e division de la Luftwaffe, à 4 heures 30, soit deux heures avant le débarquement. Cette conquête permet de couper la route nationale 13 entre Carentan et Cherbourg.

Le parachutiste américain John Steele, blessé par le tirs ennemis, reste accroché un long moment au clocher de l'église par son parachute. Aujourd'hui, un mannequin accroché à l'église rappelle l'événement.

Utah Beach : Sainte-Marie-du-Mont et Quinéville

La cité de Sainte-Marie-du-Mont est rapidement libérée par les parachutistes de la 101e division aéroportée. La plage des environs est marquée par le débarquement de la 4e division américaine (DI), le 6 juin 1944 à 6 heures 30.

Ce secteur, connu sous le nom de La Madeleine, est un des moins défendus, ce qui facilite le débarquement. Les chars Sherman viennent facilement à bout de la résistance des troupes allemandes, déjà fortement ébranlées par les bombardements préventifs.

Sur la plage de Quinéville, les Américains débarquent pour la seule journée du 6 juin 23 500 soldats, 1700 véhicules et près de 2000 tonnes d'approvisionnement. Malgré quelques noyaux allemands de résistance, une solide tête de pont est établie dans le secteur par les troupes américaines. La facile conquête des plages d'Utah Beach permet le débarquement de 836 000 hommes de 40 divisions, 220 000 véhicules et 725 000 tonnes d'approvisionnement entre juin et novembre 1944.

Pour l'unique journée du 6 juin 1944, sur le front normand, les pertes alliées s'élèvent à 10 793 soldats hors de combat (tués, disparus ou blessés) contre 6500 allemands.

Un rapport, rédigé le 10 juin 1944 par le maréchal Rommel, présente ses vues sur le déroulement de la bataille : « L'ennemi tente d'assurer, entre l'Orne et la Vire, une tête de pont, qui servira de tremplin idéal pour lancer une puissante attaque en direction du centre de la France, vers la capitale probablement. L'ennemi cherche à isoler la presqu'île du Cotentin et à s'emparer le plus rapidement de Cherbourg, de manière à disposer d'un grand port, pour décharger son matériel lourd.

« Plusieurs facteurs contribuent à réduire notre liberté de mouvement en Normandie. D'abord l'écrasante supériorité de l'aviation ennemie. Même les déplacements de petites unités sont immédiatement attaqués par les chasseurs bombardiers. La résistance française ne cesse de multiplier à l'arrière les sabotages. Vient ensuite l'effet terrible des pièces lourdes de la marine alliée : 640 canons sont entrés en action. Les effets de ces tirs de barrage sont tels que toute opération entreprise par l'infanterie, ou par les chars, est nécessairement vouée à l'échec.

« Et pourtant, malgré ce bombardement, nos divisions bien retranchées sur la côte normande, et celles passées à la contre-attaque, se sont maintenues opiniâtrement sur leurs positions. Les soldats alliés sont dotés d'armes nouvelles et d'un matériel lourd très imposant. La supériorité des Alliés en armement et en ravitaillement semble écrasante. Enfin, l'ennemi a favorisé les unités parachutistes. La mobilité de ces soldats d'élite est telles que nos troupes, qui doivent les engager, ont d'immenses difficultés à les repousser. Nos soldats luttent avec un acharnement et un courage extraordinaires, malgré l'incroyable dépense de matériel de l'ennemi. Je demande que le Führer soit informé de cette situation. »[81]

---

[81] *Archives militaires allemandes*, Fribourg-en-Brisgau.

À la mi-juin 1944, une importante conférence se déroule à Margival, en présence d'Hitler. Depuis plusieurs jours, Rommel voulait profiter de cette visite du chef du Reich pour l'informer de la situation plus en détails. Lors de la conférence, il ne cherche pas à lui dissimuler la gravité de la situation. À deux reprises, il aborde la solution d'un règlement politique. Hitler refuse toute solution négociée et déclare à Rommel : « C'est une question qui ne vous regarde pas. »[82] Il repousse également toute idée de retraite sur la Seine et insiste sur la nécessité d'une résistance sur place à tout prix. « Il faut, déclare-t-il, bloquer l'ennemi sur sa tête de pont jusqu'à l'arrivée des escadrilles d'avions à réaction. »[83]

Hitler se réfugie dans une attitude étrange, où se mêlent une fausse intuition et le cynisme. À la fin de la réunion, le chef du Reich, regagne directement l'Allemagne en début de soirée. Il a été impressionné par la chute d'une fusée V1 à proximité de son abri. Son instinct l'a averti du danger qui le menaçait. Il ne semble pas ignorer que des officiers de la Wehrmacht veulent l'arrêter ou le tuer. Rommel est très abattu.

Beaucoup d'officiers s'étonnent de la passivité du maréchal Rommel, converti à une bataille défensive. Ce n'est plus le maître aux initiatives audacieuses. Du style inimitable du chef de

---

[82] *Archives militaires allemandes*, Fribourg-en-Brisgau.

[83] *Archives militaires allemandes*, Fribourg-en-Brisgau.

l'Afrikakorps ne subsiste plus que les visites qu'il doit effectuer tous les jours sur le front normand à bord de sa voiture, malgré la supériorité aérienne des Alliés. Il ne peut s'accorder un vrai moment de détente que très tard le soir, quand il effectue une promenade avec les officiers Rue et Speidel. Un état de santé assez médiocre explique cette passivité. L'homme est nerveux, anxieux, pessimiste, mal remis de sa maladie contractée en Égypte en 1942.

Cette passivité tient aussi à une énorme erreur stratégique. Rommel croit toujours à l'imminence d'un débarquement au nord de la Seine. Cette erreur tient à une grave défaillance des services de renseignement du Reich, qui attribuent aux Alliés des réserves supérieures à la réalité.

Le 7 juin 1944, les troupes britanniques et canadiennes attaquent en direction de Caen, autour du village de Lébisey et de ses bois. Malgré un fort appui d'artillerie, la 185e brigade britannique subit de lourdes pertes. La 21e panzerdivision a établi de solides positions sur les hauteurs surplombant Caen. La 9e brigade canadienne se heurte aux détachements fraîchement arrivés de la 12e division SS Hitlerjugend. Après des combats meurtriers, les attaques britanniques, canadiennes et allemandes cessent, sans qu'aucun camp n'ait véritablement porté le moindre coup décisif.

Sur le front de Bayeux, la 8e brigade blindée britannique s'empare de la côte 103. Mais la division Panzer Lehr, arrivée sur le front, enraye la progression britannique.

Le 9 juin, à l'ouest de l'Orne, les Britanniques et les Canadiens poursuivent leur offensive, s'efforçant de progresser village par village, en réduisant les défenses ennemies. La résistance allemande est féroce. Le régiment Royal Ulster Rifles perd 11 officiers, 182 sous-officiers et soldats, lors de cette unique journée. Les Alliés parviennent cependant à repousser la plupart des contre-attaques allemandes du 9 juin. L'artillerie britannique et canadienne, complétée par les canons de marine, s'avère extrêmement efficace pour disperser les unités de panzers. Attaques et contre-attaques se multiplient dans les deux camps. Le front britannique se fige rapidement dans une lutte stérile de guerre de position. Montgomery ne peut s'emparer de Caen. Rommel ne parvient pas à le repousser en direction des côtes.

Du 11 au 14 juin, au sud de Bayeux, le 5e corps d'armée américain, les 30e et 1er corps d'armées britanniques livrent de durs combats à la division Panzer Lehr, aux 2e panzerdivision et 12e panzerdivision SS. Villers-Bocage est l'enjeu d'une lutte sans merci, où la 7e division blindée britannique subit des pertes terribles sans parvenir à enfoncer les positions adverses.

Alors que les Britanniques piétinent dans les secteurs de Bayeux et de Caen, l'armée américaine s'empare brillamment de la totalité de la péninsule du Cotentin du 10 au 28 juin 1944. Les 9e, 79e, 4e divisions américaines font la conquête de Valogne, Les Pieux, Quettenhou, puis de Cherbourg, malgré la résistance acharnée des troupes allemandes.

L'opération britannique Epsom, du 26 juin au 1er juillet 1944, à l'ouest de Caen, connaît un début prometteur avec la progression des 30e et 8e corps d'armée (15e division écossaise, 43e division Wessex, 11e division blindée, 49e division West Riding), en direction de Baron et de la côte 112. Mais les contre-attaques allemandes (division Panzer Lehr, 2e, 9e, 10e panzerdivisions SS et 21e panzerdivision) ont raison de cette offensive, finalement enrayée. Le 29 juin, la 11e DB britannique parvient à déployer des chars sur la position stratégique de la côte 112. Elle résiste héroïquement à des assauts des éléments de tête de la 1ère panzerdivision SS et de la 21e panzerdivision. Le 30, Montgomery met fin à l'offensive. Le 8e corps d'armée britannique a perdu un peu plus de 4000 hommes en cinq jours. La 15e division écossaise a fait la preuve d'un indéniable courage. Le 8e corps d'armée britannique a dû affronter la plus grande concentration de divisions blindées SS rassemblées depuis la bataille de Koursk sur le front soviétique en 1943 !

À la fin juin 1944, le front de Normandie se fige sur un front de 150 kilomètres, où 15 divisions américaines et 12 divisions britanniques (dont une division canadienne) affrontent 22 divisions allemandes. Les Britanniques tiennent 60 kilomètres de front et les Américains 90 kilomètres. On notera que 7 des 9 panzerdivisions engagées sur le front normand font face aux Britanniques.

Le 30 juin 1944, la 2e armée britannique a subi 24 698 pertes (tués et blessés) depuis le débarquement, pour 34 034 chez les Américains. Durant la même période, les pertes allemandes se montent à 80 783 soldats hors de combat.

La Résistance normande participe activement aux opérations, avec près de 10 000 hommes. Ces combattants sans uniforme, parfois sans armes, dont les brassards n'épargnent par le sort tragique des « terroristes », sont engagés dans la plus grande opération combinée de la Seconde Guerre mondiale. La forte densité de l'occupation allemande en Normandie a rendu délicate l'implantation des maquis (Guillaume le Conquérant, La Marseillaise, Montcalm...). Les opérations de la Résistance du Calvados sont cependant importantes dès la phase d'alerte à la BBC : 8 ponts et 100 véhicules détruits. En outre, il convient de signaler de très nombreux sabotages de voies de chemin de fer et d'innombrables ruptures de câbles téléphoniques. Les parachutistes alliés sont guidés, par les habitants et les résistants locaux, hors des champs de mines et des pièges multiples. La célèbre Henriette Henry sauvera ainsi de nombreuses vies.

« Ce rôle, rapporte le commandement allié, a été considérable le long de la côte, lors du passage de rivières, à Caen en particulier et dans les coins difficiles du bocage. En tout cas de nombreuses attestations données par des officiers d'unités anglaises, canadiennes et belges à des FFI semblent le prouver abondamment. »[84]

Les FTP se distinguent particulièrement dans la région de Vire. Les groupes SOE d'Antoine et des détachements FTP truffent de mines les grands itinéraires des environs de Lisieux et d'Orbec. Les groupes Michel et Normandie se manifestent à Evrecy, Bény-Bocage et Sourdeval. Le chef d'équipe Jean-Renaud Dandicolle, résistant bordelais ayant rejoint le SOE, combat avec une grande efficacité dans la région de Cesny-Bois-Halbout : il sabote de nombreuses voies ferrées et parvient à tendre des embuscades meurtrières. Gravement blessé lors d'un combat, il est sauvagement abattu par les nazis.

Dans la Manche, les parachutistes alliés sont également recueillis et guidés par les résistants du coin. Le chef départemental Yves Gresselin fait appliquer le plan Vert sur les voies ferrées entre Cherbourg et Carentan, Cherbourg et La Haye-du-Puits, Lison et Coutances, Folligny et Granville ; d'autres sabotages ferroviaires interviennent à Saint-Sauveur-le-Vicomte, Saint-Lô, La Haye-Pesnel, ainsi que la destruction des câbles de télécommunication à longue distance. Les groupes FTP sabotent et mitraillent dans la région de Cherbourg, Valognes, Carantan, Coutances et d'Avranches. Des groupes OCM font de même dans les secteurs

---

[84] *Archives du centre national Jean Moulin*, Bordeaux.

des Pieux, de Sainte-Mère-Église, Chef-du-Pont et Villebaudon. Libération-Nord agit dans le secteur de Montmartin, Saint-Laurent-de-Terregatte et Cérences.

« Les résistants de tous les groupes, rapporte Marie Granet, sont extrêmement actifs : ils aident l'armée américaine, lui fournissent des renseignements, participent aux combats... Henri Moroge, sa femme et Lefranc regroupent dix-neuf paras tombés dans les marais de Trébéhou, les conduisent à Graignes, où ils retrouvent d'autres paras, en tout cent cinquante : ils résisteront aux Allemands jusqu'au 11 juin. Moroge guide ensuite l'armée américaine... Mauger passe les lignes le 19 et le 20 juin pour porter des renseignements aux Américains, puis les guider... Lecrès passe plusieurs fois les lignes entre Bricquebec et Port-Bail, pour porter des renseignements aux Anglais (spécialement sur les défenses de Cherbourg) ; il fait le coup de feu et avec des camarades (Luce et Harassé), il fait douze prisonniers. »[85]

Les lignes téléphoniques allemandes sont coupées dans le secteur de Mortain par divers groupes dirigés par André Bedon et Louis Pinson. D'autres sabotages ont lieu aux environs d'Avranches où la voie ferrée Lison-Damballe est coupée. Des câbles souterrains sont sectionnés et quatre lignes aériennes mises hors de combat. Des arbres abattues obstruent les routes. À

---

[85] *Archives du mémorial de Caen.*

Barenton, le groupe Les Courtils, commandé par le chef de brigade Dauvergne, arrache les pancartes allemandes et coupe des fils. Les groupes de Saint-Hilaire du Harcouet, que dirigent Louis Blouet et Jacques Navier, abattent un gigantesque sapin qui barre la route entre Juvigny-le-Tertre et Le Poiton. Le 8 juin, cet obstacle stoppe une colonne allemande de trente camions cible idéale pour l'aviation alliée qui va la réduire en fumée.

Dans l'Eure, le maquis Surcouf, commandé par les résistants Baudot, Leblanc, Lesage et Vesque, liquide la Feldgendarmerie de Pont-Audemer, coupe les lignes téléphoniques environnantes, multiplie les sabotages et les embuscades. La section Le Braz attaque l'observatoire de Saint-Georges-du-Vièvre : deux maquisards sont tués, mais les pertes allemandes ont été lourdes : huit soldats abattus, six fusils Mauser et deux mitrailleuses récupérés. Le 7 juin, le maquis capture une quinzaine de soldats ennemis.

Dans l'Orne, le chef départemental FFI Daniel Desmeubles fait appliquer le plan Tortue avec une grande efficacité. L'acheminement de renforts allemands vers la tête de pont se trouve retardé de plusieurs heures, plus de cent cinquante véhicules sont mis hors de combat. Le brouillage des panneaux de signalisation force un important convoi à tourner en rond, dans la région de Flers, durant une nuit entière.

Le 11 juin, le maquis de Lignières-la-Doucelle s'oppose à 200 soldats allemands pendant trois heures. Le chef départemental FFI, Daniel Desmeubles, est capturé, mais l'occupant perd une vingtaine d'hommes. La Wehrmacht réagit violemment contre la guérilla qui se généralise dans l'Orne. Dans la forêt d'Écouves plus de 400 soldats allemands sont mis hors de combat par les maquis.

Après la chute de Cherbourg, à la fin du mois de juin, la 1ère armée américaine du général Bradley se prépare à pousser vers le sud. À l'ouest, à la base de la presqu'île du Cotentin, la 79e DI, la 82e division aéroportée et la 90e DI sont étirées sur des terrains marécageux, facilitant la défense allemande du corps d'armée du général von Choltitz, solidement retranché dans les collines boisées plus au sud. Au sud de Carentan, les 4e et 83e DI américaines sont également déployées en terrain humide et plat, où les affrontent la 17e division de panzer grenadiers SS et la 353e DI.

À l'est du front de Saint-Lô se trouvent les 30e, 35e, et 29e DI américaines, déjà dans le bocage normand. Il en va de même des 2e et 1ère DI américaines autour de Caumont, jusqu'au secteur britannique. Elles sont face au 2e corps d'armée de parachutistes allemands du général Meindl. Les généraux allemands montent une défense très efficace avec leurs groupes de combat, composés d'unités d'infanterie soutenues par des canons tractés, des blindés et des unités du génie.

« La campagne américaine commença le 3 juillet, écrit Antony Beevor, quand le 8ᵉ corps, sous le commandement du général Middleton, attaqua sur le flanc ouest. L'été était pluvieux, aussi les GI s'élancèrent sous une pluie battante. Les soldats américains, écœurés par le froid et l'humidité du climat britannique qu'ils avaient subi durant leurs mois de formation, avaient espéré qu'en France la météo serait plus clémente. Le plafond était bas, interdisant tout appui aérien, et la pluie trop drue pour permettre aux observateurs d'artillerie d'exercer leurs talents avec précision. Tôt dans l'après-midi, la 82ᵉ aéroportée s'empara de son objectif, la côte 131, au nord de La Haye-du-Puits, mais partout ailleurs l'offensive s'enlisa. »[86]

La 83ᵉ DI américaine perd 1400 soldats lors de cette attaque, tandis que la 4ᵉ DI déplore 5400 hommes hors de combat depuis qu'elle se trouve en Normandie, et n'en reçoit que 4400 en renforts. L'offensive américaine se canalise entre les marécages le long de la Sève à l'ouest et ceux de la Taute à l'est. Il est donc impossible de contourner les défenses allemandes, et le sol est souvent trop détrempé pour les chars. Les soldats allemands souffrent également dans leurs positions inondées par près de 60 centimètres d'eau.

---

[86] Antony Beevor, *D-Day et la bataille de Normandie*, éditions Calmann-Lévy 2009.

Le 7 juillet 1944, par un matin brumeux et couvert, la bataille de Saint-Lô débute par la poussée de la 30ᵉ DI américaine dans le but d'éliminer les défenseurs allemands à l'ouest de Vire. Les soldats américains s'empêtrent dans les marais et les haies du bocage, ainsi que dans les berges escarpées de la Vire. Le général Bradley, exaspéré par la lenteur de leur progression, décide d'envoyer la 3ᵉ division blindée dans l'espoir de hâter les choses. Les troupes américaines tombent dans des embuscades soigneusement préparées par les Waffen SS de la division Das Reich, nouvelle venue sur le front normand. Il faut le soutien de l'artillerie américaine, tirant plus de 9000 obus le 9 juillet, pour éviter un désastre total.

Le 10 juillet, le 47ᵉ corps américain, pris entre les marais et la Taute, tente une nouvelle fois de progresser au sud-ouest, au-delà de la route Carentan-Périers. On enregistre quelques succès locaux, mais il est toujours impossible d'enfoncer en profondeur les positions allemandes. Il faut quatre jours de violents combat à la 83ᵉ division américaine pour couvrir un peu plus d'un kilomètre.

Le général Barton, commandant la 4ᵉ division américaine, écrit : « Les Allemands ne se maintiennent que parce que leurs soldats ont des tripes. En infanterie, nous les surclassons à 10 contre 1, à 50 contre 1 en artillerie, et notre supériorité aérienne est infinie. »⁸⁷ Un rapport américain, se fondant sur les interrogatoires de prisonniers allemands, conclue : « Les Allemands n'ont aucun respect pour les qualités des combattant de l'Américain moyen. Les rangers et les parachutistes sont en revanche respectés. Les Allemands sont profondément endoctrinés par la propagande. Un prisonnier de 19 ans, membre des Jeunesses hitlériennes de la 17ᵉ division de panzer grenadiers SS, croit dur comme fer que les Américains se trouvent dans une situation désespérée, que l'Allemagne va détruire les Alliés occidentaux, puis battre l'armée russe. »⁸⁸

En cinq jours de combats dans le bocage et les marais, le 22ᵉ RI de la 4ᵉ DI américaine perd 729 hommes, dont un chef de bataillon et 5 commandants de compagnie.

La division Panzer Lehr, chargée de contre-attaquer les troupes américaines du 30ᵉ corps, se trouve à la limite de ses forces : son régiment de panzers est passé de 2200 hommes et 183 chars à tout juste 400 hommes et 65 chars lorsqu'il atteint le secteur américain le 7 juillet. Son 901ᵉ régiment de panzer grenadiers est passé de 2600 à 600 hommes, et le 902ᵉ régiment de panzer grenadiers de 2600 à 700. Le 11 juillet, les chasseurs bombardiers américains étrillent sérieusement cette division allemande, qui perd

---

[87] *Archives du mémorial de Caen.*

[88] *Archives du mémorial de Caen.*

20 blindés et près de 700 hommes. La guerre s'enlise de nouveau dans une lutte stérile pour la conquête d'un terrain dérisoire.

Dans le secteur britannique, une nouvelle bataille pour la conquête de Caen débute le 4 juillet 1944 par l'opération Windsor, attaque préliminaire lancée par la 8ᵉ brigade d'infanterie canadienne pour prendre le village et l'aérodrome de Carpiquet, à l'ouest de la ville. Carpiquet est défendu par des troupes de la 12ᵉ panzerdivision SS Hitler-Jugend. Soutenue par l'artillerie navale, les Canadiens passent à l'assaut à 5 heures. Le village est réduit à l'état de gravats. La lutte est féroce, mais vers 14 heures les vestiges de Carpiquet sont aux mains des Canadiens. Une violente contre-attaque allemande repousse les assaillants.

Le 6 juillet, pour limiter les pertes britanniques, Montgomery demande un bombardement massif de la RAF, afin d'ouvrir une brèche dans le dispositif ennemi du secteur de Caen. Dans la nuit du 7 juillet, 467 bombardiers Lancaster et Halifax bombardent la ville, causant la mort de 350 civils, ce qui est effroyable compte tenu du fait que plus des trois quarts de la population a déjà quitté Caen et que la plupart de ceux qui sont encore là sont réfugiés dans des caves en profondeur. La totalité des pertes civiles de la ville de Caen, victimes des bombardements des 6 et 7 juillet 1944, se monte à 1150 morts et 1734 blessés.

Le 8 juillet, les troupes britanniques et canadiennes se heurtent de nouveau à une résistance acharnée des panzer grenadiers SS de la division Hitler-Jugend. Le 9, les derniers soldats allemands quittent Caen. La destruction de la ville est telle que, même avec leurs cartes, les Britanniques et les Canadiens n'ont plus aucun moyen de savoir où ils se trouvent. Les Allemands se replient sur la rive sud de l'Orne par le seul pont encore intact en ville, tout en établissant des positions défensives plus en arrière.

Peu à peu, les civils refont surface. Ils ne parviennent pas à croire qu'au bout de quatre ans l'occupation allemande est terminée, et redoutent que les SS ne préparent une contre-attaque pour reprendre la ville. Quelques-uns réservent aux soldats alliés un accueil chaleureux, mais le plus grand nombre reste sous le choc des bombardements.

Un soldat britannique écrit que « la plupart des femmes, terrassées par la terreur et le chagrin, pleuraient toutes les larmes de leurs corps. Elles erraient dans leurs logements détruits, peut-être pour jeter un dernier regard sur leurs trésors personnels. Dans le jardin gisait un livre d'enfant, ses pages voletant au gré du vent. À l'intérieur, les portes branlaient en grinçant sur leurs gonds, les tables étaient renversées depuis la première formidable explosion ».[89]

Le 10 juillet 1944 se déroule une cérémonie pour le lever des couleurs françaises sur la façade de l'église Saint-Etienne, en

---

[89] *Archives du mémorial de Caen.*

présence de M. Daure, le nouveau préfet nommé par le général de Gaulle. Dans l'assistance, bien des gens sont en larmes. Trois jours plus tard, la 2ᵉ armée britannique organise un défilé de la victoire sur la place Saint-Martin. Alors qu'un drapeau tricolore est hissé, un soldat écossais commence à jouer à la cornemuse. Dans la foule, l'étonnement est visible. Les civils n'ont jamais entendu l'hymne de *La Marseillaise* joué à la cornemuse.

L'offensive britannique n'a été qu'un succès partiel, puisque seule la moitié nord de Caen est tombée. Si bien que ce même 10 juillet, à 5 heures, la 43ᵉ division Wessex attaque à partir de la vallée de l'Odon, en direction de la côte 112. Les braves soldats britanniques se heurtent à la résistance acharnée de la 9ᵉ panzerdivision SS Hohenstaufen. Le 44ᵉ Royal Tank Regiment, venu soutenir les fantassins britanniques, subit de plein fouet la contre-attaque du 502ᵉ bataillon de panzers lourds SS, équipé de redoutables chars Tigre de 56 tonnes. Les chars britanniques, plus légers comme les Sherman de 32 tonnes, se font décimer. Le blindage frontal de 100 à 110 mm des Tigre résiste aux principaux canons antichars alliés. La lutte se poursuit le 11 juillet. Les chars britanniques Churchill de 40 tonnes, un peu plus lourds que les Sherman, ne peuvent cependant rivaliser contre les puissants Tigre. L'infanterie britannique accomplit de véritables exploits en s'emparant notamment de la côte 112 le 12 juillet, malgré la supériorité en armement lourd des Allemands ; puis les SS les repoussent à l'issue d'une nouvelle contre-attaque menée par des chars Tigre. Après la pluie de la semaine précédente, la température finit par atteindre les 30 ! La moindre explosion soulève des nuages de poussières. La côte 112 se transforme en paysage lunaire sous l'effet des tirs d'artillerie et des bombardements aériens. Le front allemand ne peut-être enfoncé.

Sur le front de Saint-Lô, l'armée américaine reprend l'offensive le 11 juillet 1944. La progression est lente devant la résistance allemande particulièrement solide. Le 15 juillet, treize bataillons américains d'artillerie et de nombreux chasseurs bombardiers P47 Thunderbolt pilonnent les défenses adverses, dont des batteries de canons de 88 mm. Pendant la nuit du 17 juillet, les Allemands évacuent la crête des environs de Saint-Lô. Le 18, le groupe motorisé du général américain Cota pénètre dans la ville qui n'est plus qu'un amas de ruines. Cette offensive du 7 au 18 juillet coûte près de 40 000 hommes aux Américains (tués, disparus et blessés). Le général Montgomery rend hommage « aux magnifiques soldats américains qui se sont emparés de Saint-Lô ».[90] « Pourtant, écrit de son côté Antony Beevor, les généraux allemands, même après la guerre, continuaient de penser que le formidable effort entrepris par les Américains pour prendre la ville avait été parfaitement inutile. Saint-Lô aurait de toute façon été contournée dès le lancement de la grande offensive américaine,

---

[90] *Archives du mémorial de Caen.*

l'opération Cobra, à peine une semaine plus tard ».[91] Les 30e, 35e, 29e et 2e DI américaines ont payé un lourd tribu pour s'emparer de Saint-Lô, solidement défendu par le 2e corps d'armée de parachutistes allemands.

Avant d'aller faire sa visite du front, Rommel adresse, le 16 juillet 1944, à Hitler un rapport accablant : « En Normandie, la fin est proche. Étant donné l'acharnement des combats, la dépense colossale de matériel à laquelle se livre l'ennemi, surtout en artillerie et en chars, sans oublier la maîtrise du ciel, nos pertes sont telles que la puissance combative de nos unités décroît rapidement. Non seulement les renforts qui nous parviennent sont réduits, mais, vu les difficultés d'acheminement, il leur faut plus d'une semaine pour arriver au front. Les pertes en chars ne sont pas compensées. Nous n'avons reçu, en une journée, que 17 chars pour remplacer les 225 détruits. »[92]

Le 17 juillet 1944, comme chaque jour, le maréchal Rommel fait sa tournée du front, à bord de sa voiture. Il visite d'abord les secteurs des 276e et 277e divisions d'infanterie, où une attaquée alliée a été repoussée. Le capitaine Helmuth, assis à ses côtés, raconte la suite de cette journée particulière : « Nous avons poursuivi vers le QG du 2e corps blindé SS où le maréchal a eu un

---

[91] Antony Beevor, op.cit.

[92] *Archives militaires allemandes*, Fribourg-en-Brisgau.

entretien avec les généraux Bittrich et Sepp Dietrich. Ceux-ci conseillent de nous méfier de l'aviation alliée, qui survole en permanence le champ des opérations. Vers 16 heures, le maréchal décide de rejoindre son QG, car l'ennemi vient de percer dans une autre partie du front. Le long des routes, nous ne cessons de croiser des convois en feu ; de temps en temps, l'aviation ennemie nous force à emprunter de petites routes secondaires. À 18 heures, la voiture arrive dans les environs de Livarot. Soudain, le long de la route allant de Livarot à Vimoutiers, le sergent Holke nous avertit que deux avions survolent le secteur dans notre direction. Le chauffeur décide d'accélérer pour prendre un chemin qui part à droite, à moins de 300 mètres. L'endroit peut nous abriter. Avant que nous ayons pu l'atteindre, les chasseurs, volant en rase-mottes à grande vitesse, sont sur nous. Le premier ouvre le feu. Le maréchal détourne la tête à ce moment-là. La première des rafales déchire le flanc gauche de la voiture. Un projectile perce le bras gauche et l'épaule du conducteur. Rommel est blessé au visage par des éclats de vitre. Le montant du pare-brise le frappe violemment à la mâchoire et à la tempe gauche, occasionnant une triple fracture du crâne. Il a déjà perdu connaissance et se trouve projeté hors du véhicule quand celui-ci se retourne. Les secours sont arrivés et nous avons emmené le maréchal Rommel à l'hôpital de Bernay. Les médecins ont diagnostiqué un état de choc et plusieurs fracture. »[93]

---

[93] *Archives militaires allemandes*, Fribourg-en-Brisgau.

Le chasseur bombardier Typhon ayant porté le coup fatal est piloté par Jean-Jacques Le Roux, un aviateur de la France libre.

Le lendemain, 18 juillet 1944, le général britannique Montgomery déclenche l'opération Goodwood dans le secteur de Caen. En deux heures et demie, 2000 bombardiers lourds alliés et 600 autres moyens larguent 7567 tonnes de bombes sur les positions allemandes. Au large de la côte, les navires de la Royal Navy déclenchent également un bombardement massif. Le 2e corps d'armée canadien et le 6e corps d'armée britannique passent à l'offensive, avec le 2e et 3e divisions canadiennes, la 51e division écossaise, les 11e et 7e divisions blindées britanniques, la division blindée britannique de la Garde, la 3e DI britannique. Dans le secteur de l'Orne, la 6e division de parachutistes britanniques fixe la 711e DI allemande. Le front allemand du secteur de Caen est alors défendu par la 2e panzerdivision, la 272e DI, les 1ère et 12e panzerdivisions SS, la 21e panzerdivision, la 16e division de campagne de la Luftwaffe et la 364e DI.

Entre le 18 et le 20 juillet 1944, sous la puissance du choc de l'offensive britannique, la ville de Caen est entièrement conquise, ainsi que plusieurs localités au sud de la cité, comme Cuverville, Touffréville, Giberville, Démouville, Banneville-la-Campagne, Mondeville, Cagny, Grentheville, Soliers, Hubert-Folie, Bras, Ifs et Fleury-en-Orne. Les combats sont d'une violence inouïe. Les troupes britanniques et canadiennes luttent avec un courage remarquable, tandis que les défenseurs allemands opposent une résistance féroce. Les chars Sherman, Cromwell et Churchill se heurtent aux redoutables Tigre, Panther et Panzer IV. Après une progression d'une quinzaine de kilomètres, l'offensive est finalement contenue. La crête de Bourguébus est l'enjeu d'une lutte terrible, que les Allemands parviennent cependant à conserver en grande partie.

Sir Basil Liddel Hart écrit au sujet de cette offensive : « Ce fut l'attaque de chars la plus massive de toute la campagne ; elle fut lancée par 3 divisions blindées fortement concentrées. Elles avaient été discrètement assemblées dans la petite tête de pont sur l'Orne et elles en sortirent en trombe au matin du 18 juillet après qu'un immense tapis de bombes eut été lâché pendant deux heures par plus de 2000 bombardiers lourds et moyens. Les Allemands du secteur furent abasourdis et la plupart des prisonniers faits ce jour-là étaient à un tel point assourdis par le bruit des explosions qu'il fallut attendre au moins vingt-quatre heures pour procéder à leur interrogatoire. Mais les défenses étaient plus profondes que ne le pensaient les services de Renseignements britanniques.

« Rommel, qui s'attendait à une attaque de ce genre, avait accéléré leur renforcement jusqu'à ce que, la veille de l'offensive, il fût lui-même mis hors de combat par un avion à proximité du village bien nommé de Sainte-Foye-de-Montgomery. De plus, l'ennemi avait entendu le grondement que faisaient les chars britanniques en avançant vers l'est dans la nuit en vue de l'offensive. Dietrich, le général allemand qui commandait le corps d'armée, déclara qu'il avait pu entendre à plus de 6 kilomètres malgré les bruits divers qui les masquaient, en posant son oreille contre terre : un truc qu'il avait appris en Russie.

« Les espoirs de ce début brillant s'évanouirent peu après le franchissement des premiers niveaux du système défensif. La division blindée qui avançait en tête, au lieu de contourner les points fortifiés des villages à l'arrière, les affronta au milieu d'une certaine confusion. Les autres divisions furent retardées par des embouteillages en sortant de l'étroite tête de pont et l'avant-garde avait déjà dû arrêter sa progression lorsqu'elles arrivèrent sur les lieux. Dès l'après-midi, on pouvait considérer que la magnifique occasion été manquée.

« Cet échec a longtemps été enveloppée de mystère. Dans son rapport, Eisenhower mentionna cette opération comme une tentative de « percée » et parla d'une « exploitation en direction de la Seine et de Paris ». Mais tous les historiens britanniques d'après-guerre déclarent qu'elle n'avait pas d'objectifs aussi lointains et qu'aucune percée n'avait jamais été envisagée sur ce flanc.

« Ils suivent en cela le récit de Montgomery lui-même qui insistait sur le fait que cette opération n'était qu'une bataille de position, destinée à créer une menace pour faciliter la prochaine offensive américaine et secondairement pour gagner du terrain, afin de pouvoir y assembler des forces importantes prêtes à attaquer vers le sud et le sud-est lorsque les forces américaines avanceraient vers l'est pour faire leur jonction avec elles après la percée. »[94]

Les Britanniques et les Canadiens perdent en trois jours (18-20 juillet 1944) 5537 hommes (tués, blessés, disparus) lors de cette offensive. Leurs pertes en Normandie se montent désormais à 52 165 hommes depuis le 6 juin 1944.

« Les équipages de chars britanniques, écrit Antony Beevor, devaient trouver extrêmement démoralisant d'attaquer de redoutables batteries de 88, tout en sachant fort bien qu'ils risquaient d'être touchés bien avant que leurs chars de qualité inférieures n'aient pu engager l'ennemi. Et, une fois de plus, nous ne devrions jamais oublier qu'on ne pouvait attendre des soldats d'une démocratie, des civils pour la plupart, qu'ils fassent preuve du même esprit de sacrifice que les membres endoctrinés de la Waffen SS, convaincus qu'ils luttaient pour empêcher que leur pays ne soit annihilé (…).

« Quelles qu'aient pu être les failles de l'opération Goodwood, et les affirmations mensongères de Montgomery à l'époque et plus tard, il ne fait aucun doute que les Britanniques et

---

[94] Sir Basil Liddell Hart, *Histoire de la Seconde Guerre mondiale*, éditions Fayard 1973.

les Canadiens avaient immobilisé les divisions de panzers au moment crucial. »[95]

L'opération américaine Cobra, du 25 juillet au 1er août 1944, sur le front de Saint-Lô, est déclenchée par le 8e corps d'armée du général Middleton, le 7e corps d'armée du général Collins et le 19e corps d'armée du général Corlett. L'ensemble repose principalement sur le 6e, 4e, 1ère, 3e et 2e divisions blindées américaines, les 1ère, 4e, 9e, 30e DI américaines. Elles se heurtent à des unités allemandes très affaiblies des 243e, 353e, 91e et 363e DI, de la division Panzer Lher, de la 2e panzerdivision SS et de la 17e division de panzer grenadiers SS.

Dès le 25 juillet 1944, dans la matinée, un millier de bombardiers américains B17 et B24 déversent un déluge de bombes sur les unités allemandes. La division Panzer Lehr perd en quelques heures 25 chars, 10 canons d'assaut et un millier de soldats. La progression américaine est spectaculaire, avec un bond d'une centaine de kilomètres le long des côtes maritimes, la prise de Coutances et surtout d'Avranches. Les 28 et 30 juillet, les contre-attaques allemandes de la 2e panzerdivision, soutenue par des éléments de la 343e DI, du 2e corps de parachutistes allemands du général Meindl, sans oublier la 116e panzerdivision, permettent de contenir finalement cette offensive au sud et à l'est de Saint-Lô.

---

[95] Antony Beevor, op.cit.

L'armée allemande est cependant au bord de l'effondrement. De nombreuses colonnes allemandes, en pleine retraite, sont détruites par l'aviation, l'artillerie et les chars américains. Une colonne de 96 véhicules entièrement détruits compte également 1 150 cadavres de soldats allemands.

Un officier américain raconte que « quand revint la lumière du jour, environ 300 fantassins allemands tentèrent de traverser un marais au nord de la route de Grimesnil. Les chars les pourchassèrent et les tuèrent presque tous. On retrouva près de 300 cadavres dans et autour de ce marais. Six cents autres corps gisaient le long de la route qui avait été pilonnée, masse sanguinolente de bras, de jambes et de têtes, de cadavres carbonisés. On trouva au moins trois Allemands à divers stades de la décapitation. L'un d'entre eux conduisait la voiture d'un général ».[96]

Le général Rudolph-Christoph von Gersdorff, nouveau chef d'état-major de la 7e armée allemande, arrivé à son poste de commandement avancé de 5 kilomètres au nord-est d'Avranches tôt dans l'après-midi du 29 juillet, y trouve une situation catastrophique. Les Allemands n'ont pratiquement plus de troupes pour défendre la route côtière. Les 6e et 4e divisions blindées américaines, déjà sous le commandement du général Patton,

---

[96] *Archives du mémorial de Caen.*

foncent sur Avranches. Le 8ᵉ corps d'armée américain du général Middleton capture 7000 soldats allemands en à peine trois jours.

De son côté, le général Montgomery déclenche, le 30 juillet 1944, l'opération Bluecoat, au sud de Caumont, où les Britanniques ont repris une portion du front américain. Ils ont choisi ce secteur notamment parce qu'il n'y a pas de panzerdivisions SS. En tête du 8ᵉ corps d'armée du général O'Connor se trouve la 15ᵉ division écossaise, la division blindée de la Garde et la 11ᵉ division blindée britannique. Sur leur gauche, le 30ᵉ corps d'armée du général Bucknall reçoit l'ordre de prendre Aunay-sur-l'Odon, puis le massif du mont Pinçon avec la 7ᵉ division blindée britannique. L'objectif est de s'emparer des hauteurs, afin de contrôler les axes routiers au sud de la crête que les Allemands empruntent pour se replier.

L'opération Bluecoat est précédée d'un puissant bombardement aérien et d'un pilonnage d'artillerie. Attaquant sur un front étroit, la 15ᵉ division écossaise se heurte à la résistance de la 326ᵉ DI allemande. Dès 16 heures, les chars Churchill, appuyant l'infanterie écossaise, s'emparent de la côte 309, après une lutte acharnée. La côte 226 tombe à son tour. La 326ᵉ DI allemande contre-attaque pour reprendre les deux hauteurs. Les britanniques opposent une farouche résistance. Le général allemand von Drabisch-Wächter, commandant de la 326ᵉ DI, est tué. La 21ᵉ panzerdivision, arrivée en renfort, passe à l'assaut et se heurte aux chars Churchill, Sherman et Cromwell. Les Panther et les Tigre causent de lourdes pertes dans les rangs britanniques. Trois chars lourds allemands détruisent 12 blindés britanniques en quelques minutes.

Tandis que la 15ᵉ DI écossaise et la 6ᵉ brigade de chars de la Garde défendent leurs hauteurs, la division blindée de la Garde lance une attaque sur Saint-Martin-des-Besaces, un gros bourg à la croisée de trois routes stratégiques. Mais les Allemands se défendent avec acharnement, soutenus par des blindés.

Sur la droite, la 11ᵉ DB britannique fait un bond spectaculaire jusqu'aux hauteurs des environs du Bény-Boccage, contraignant le général allemand Meindl à retirer sa 3ᵉ division parachutiste. Afin de contrer l'offensive britannique Bluecoat, le commandement allemand est obligé d'engager les 9ᵉ et 10ᵉ panzerdivisions SS.

Du 6 juin au 7 août 1944, l'armée allemande déplore la perte de 151 487 soldats (tués, blessés ou disparus) sur le front normand. Elle ne reçoit que 20 000 soldats en renforts.

Dans le secteur de Mortain, du 6 au 12 août 1944, la 30ᵉ DI américaine subit de plein fouet une puissante contre-attaque allemande, menée par des unités de la 116ᵉ panzerdivision, de la 2ᵉ panzerdivision, des 1ʳᵉ, 2ᵉ et 10ᵉ panzerdivisions SS. Les positions américaines sont enfoncées en plusieurs endroits sous la puissance du choc. L'aviation alliée intervient massivement pour enrayer la progression des troupes allemandes en parvenant à détruire, avec le puissant concours de l'artillerie lourde américaine, une centaine de blindés ennemis. Sur la colline de Mortain, l'unique 2ᵉ bataillon américain du 12ᵉ RI de la 30ᵉ DI perd 300 hommes sur 700. Sa défense héroïque de la côte 314 a été un élément clé de la victoire américaine.

Le 7 août 1944, le général Montgomery déclenche l'opération Totalize, au nord et à l'ouest de Falaise, à la sortie de la plaine de Caen. Les 4ᵉ division blindée canadienne, 2ᵉ division d'infanterie canadienne, 1ʳᵉ division blindée polonaise, 51ᵉ et 59ᵉ divisions britanniques d'infanterie affrontent les 217ᵉ, 89ᵉ, et 272ᵉ division allemandes d'infanterie, soutenues par la 12ᵉ panzerdivision SS. La sous-préfecture de Falaise est détruite à 85%, suite à une succession de bombardements durant plus de deux mois. Les Polonais, les Canadiens et les Britanniques livrent de terribles combats ; mais sont finalement contenus par la 12ᵉ panzerdivision SS. Dans la nuit du 13 au 14 août, 700 bombardiers alliés lâchent 4000 tonnes de bombes sur la ville, déjà fortement éprouvée lors des semaines précédentes. Après une difficile conquête des collines dominantes, les soldats canadiens de la 6ᵉ brigade entrent dans Falaise, le 17 août au matin. Le lendemain, les fusiliers du régiment Mont-Royal chassent les derniers Allemands de la ville.

À Chambois, 100 000 soldats allemands se sont regroupés dans le secteur. Les Alliés les encerclent. Les troupes polonaises et canadiennes tiennent le front nord, les Américains et la 2ᵉ division blindée française du général Leclerc celui du sud, l'armée britannique celui de l'ouest. Le 18 août 1944, la 4e division blindée canadienne s'empare de Trun et de Saint-Lambert ; les troupes polonaises opèrent la jonction avec le 359e régiment américain, ce qui permet de boucler en partie la poche de Falaise-Chambois.

Le lendemain, 19 août, les Allemands contre-attaquent, mais, au prix de sanglants combats, sont repoussés. Le 20, les parachutistes allemands ouvrent cependant un passage entre Saint-Lambert et Coudehard, qui devient le tristement célèbre couloir de la mort. Le 21, les chasseurs bombardiers alliés y mitraillent les colonnes allemandes. Du haut du mont Omel, les Polonais défendent avec courage cette position. La bataille tourne au carnage, où périssent hommes et animaux. Sans carburant, les Allemands tentent de fuir à pied ou à cheval dans une gigantesque bousculade. Les troupes polonaises et américaines rejoignent la division française Leclerc, ainsi qu'une division britannique. Cette opération permet la fermeture de la poche et oblige les survivants allemands à capituler. Plus de 10 000 soldats allemands sont tués, 50 000 faits prisonniers, mais environ 40 000 parviennent à s'enfuir. Les Alliés subissent également de lourdes pertes. Sur la colline du mont Omel, seuls 114 soldats polonais sur les 1560 présents sont encore valides.

La 1ère armée canadienne du général Crerar, la 1ère division blindée polonaise, la 2e armée britannique du général Dempsey, la 1ère armée américaine du général Hodges, la 2e division blindée française, la 3ᵉ armée américaine du général Patton participent à cette bataille d'encerclement.

La bataille de la poche de Falaise-Chambois conclue avec succès, pour les Alliés, la campagne de Normandie. Elle ouvre la voie vers la libération de Paris. L'armée allemande doit opérer un vaste repli de la totalité de ses troupes en France, vers la Hollande, la Belgique, le Luxembourg, la Lorraine, les Vosges et l'Alsace.

Durant les trois mois de la campagne de Normandie (juin à août 1944), l'armée allemande perd 240 000 hommes (tués et blessés) et les Alliés font 200 000 prisonniers. Les Britanniques, Canadiens et Polonais du 21ᵉ groupe d'armées dénombrent dans leurs rangs 83 045 tués et blessés et les Américains 125 846. L'aviation alliée perd en outre 16 714 hommes, tués au combat ou portés disparus.

La participation française à cette gigantesque bataille a été importante, avec la Résistance normande, le commando Kieffer, 2 régiments parachutistes, la 2e division blindée, la marine et l'aviation, représentant un total de 30 000 hommes et non uniquement les 177 fusiliers-marins du jour J. Si on additionne les 30 000 maquisards bretons, dont l'action a retardé l'arrivée des renforts allemands en Normandie, on arrive finalement à 60 000 Français ayant participé directement ou indirectement à la bataille de Normandie en 1944. Les pertes civiles et militaires françaises sur le sol normand s'élèvent 40 000 morts.

Les pertes en chars et en avions soulignent la résistance acharnée de l'armée allemande en Normandie, avec 1187 chars et 661 avions américains détruits, 1211 chars et 620 avions britanniques détruits et 1500 chars et 2100 avions allemands détruits. Les Alliés britanniques et américains déplorent au total 2398 chars et 1281 avions détruits.

Les importants bombardements alliés sur les villes allemandes en février et mars 1944 portent un coup à l'industrie aéronautique allemande. Mais déjà en 1943, la production aéronautique allemande stagne, notamment en chasseurs, avec 2332 produits au premier trimestre et 2853 au quatrième, contre 3299 et 5974 aux États-Unis. Dès l'été 1941, les États-Unis lancent un plan annuel de formation de 30 000 pilotes contre 3000 au sein de l'aviation allemande ! Si bien qu'en juin 1944, les pilotes allemands devant lutter contre l'aviation alliée sont trop peu nombreux. La suprématie aérienne alliée joue un rôle capital dans la défaite allemande.

Les chiffres des chars produits par les Soviétiques, les Américains, les Britanniques et les Allemands, durant la Seconde Guerre mondiale, expliquent également en partie la défaite du IIIe Reich : 105 215 chars soviétiques, 88 610 chars américains et 27 896 chars britanniques, soit un total de 221 721 chars soviétiques, américains et britanniques contre 46 857 chars allemands. Si on additionne ceux du Japon et de l'Italie, alliés à l'Allemagne, respectivement 2473 et 2695 chars, on arrive pour l'Axe à un total de 52 025 chars produits contre 221 721 du côté des alliés soviétiques, britanniques et américains.

*

Le débarquement des Alliés en Provence en août 1944, composé à 60% de troupes françaises, est le grand oublié des combats de la Libération au bénéfice de celui de Normandie en juin 1944, plus largement médiatisé. Marqué par la conquête de deux ports stratégiques importants (Toulon et Marseille), il va jouer un rôle important dans le ravitaillement des armées alliées dans la suite des combats. D'autant que de nombreux ports de l'Atlantique, transformés par les Allemands en réduits défensifs bétonnés, résistent aux troupes françaises et alliées jusqu'à la fin de la guerre.

Faisant suite au débarquement de Normandie, celui de Provence entre dans la seconde phase de la libération de la France. La participation française y est considérable avec 5 divisions d'infanterie et 2 divisions blindées, rattachées à l'armée B du général de Lattre de Tassigny : 1ère division française libre (général Brosset), 9e division d'infanterie coloniale (général Magnan), 3e division d'infanterie algérienne (général de Monsabert), 4e division marocaine de montagne (général Sevez), 2e division d'infanterie marocaine (général Doddy), 1ère division blindée (général Touzet du Vigier), 5e division blindée (général de Vernejoul), les commandos d'Afrique du lieutenant-colonel Bouvet. Les Américains engagent le 6e corps d'armée (général Truscott) fort de

3 divisions d'infanterie et une division aéroportée, dont l'ensemble appartient à la 7ᵉ armée du général Patch.

La force navale représente une armada de 880 navires alliés de guerre, dont une centaine de bâtiments français (cuirassé Lorraine, 3 croiseurs, 8 contre-torpilleurs, une douzaine d'avisos et d'escorteurs...). Il convient d'y ajouter 1370 embarcations de débarquement. Le général Eaker, commandant les forces aériennes alliées en Méditerranée, aligne 5000 appareils (chasseurs, bombardiers, reconnaissance ou transport).

Face à cet impressionnant déploiement de forces, la défense allemande des côtes françaises de la Méditerranée, de Perpignan à Menton, repose sur la 19ᵉ armée allemande du général Wiese, regroupant 7 divisions d'infanterie et 1 division blindée. Le Mur de la Méditerranée, nettement moins dense que celui de l'Atlantique, compte cependant 600 ouvrages bétonnés. Toulon et Marseille forment deux places fortes redoutables regroupant un total de 400 pièces d'artillerie de tous calibres, dont des canons de 340 mm de marine. Par contre, la Luftwaffe n'est plus que l'ombre d'elle-même. Elle dispose, pour le théâtre d'opérations du Midi, que de 120 chasseurs et 110 bombardiers. Quant à la Kriegsmarine, ses moyens sont réduits à une dizaine de sous-marins et une trentaine de petits bâtiments de surface.

La zone choisie pour les opérations commandos, aéroportées et les débarquements s'étend, à l'est de Toulon, de

Hyères à Cannes, jalonnée par Cap Nègre, Cavalaire, Saint-Tropez, Sainte-Maxime, La Nartelle, Fréjus, Le Muy, Saint-Raphaël.

Le débarquement s'articule en trois opérations successives. D'abord dans la nuit de J-1 (14 août 1944), une opération préliminaire de couverture est confiée à des forces spéciales américaines et françaises et à la 1ère division aéroportée américano-britannique. Les premières troupes engagées, - comprenant la brigade d'élite du colonel Walker (forte de 3 régiments américano-canadiens), le groupe de commandos d'Afrique du lieutenant-colonel Bouvet (750 hommes) et le corps franc naval d'assaut du capitaine de Frégate Sériot, - doivent débarquer sur les deux flancs du front d'attaque pour neutraliser des batteries et accomplir divers sabotages. Quant à la division aéroportée, elle va être parachutée aux alentours du Muy, afin de bloquer la vallée de l'Argens et interdire la route nationale n°7 aux renforts allemands pouvant être envoyés de la région du Luc ou celle de Draguignan.

Le jour J (15 août 1944), les 3 divisions d'infanterie américaines (3e, 45e et 36e DI), appuyées par la 1ère division blindée française, sont appelées à débarquer entre Sainte-Maxime et Saint-Raphaël, afin de réduire les défenses côtières puis de progresser rapidement en éventail vers l'intérieur des terres, en créant une tête de pont s'étendant d'est en ouest jusqu'à Théoule, Les Adrets, Bagnols-en-Forêt, Trans-en-Provence, Le Cannet, Collobières et le cap de Léoube : ces différents points forment les jalons d'une ligne fictive appelée "ligne bleue".

La troisième phase du débarquement, à J+1 (16 août) porte sur le déploiement des troupes françaises de l'armée B, devant attaquer ensuite les camps retranchés de Toulon puis de Marseille. Le 6e corps d'armée américain, avec ses trois DI, s'oriente alors vers le nord-ouest et le nord pour couvrir le flanc des unités françaises.

Ce plan minutieux s'accompagne évidemment d'une action massive de l'aviation qui, durant des semaines, bombarde les positions allemandes. Rien que dans la journée du 15 août et la nuit suivante, les bombardiers alliés effectuent plus de 1600 sorties contre les voies ferrées, routes, batteries côtières, stations radar et de goniométrie, défenses des plages, troupes et postes de commandement. L'offensive aérienne sur les communications se poursuit jusqu'au 30 août, les chasseurs bombardiers attaquent les colonnes allemandes en retraite sur les routes, en particulier dans la vallée du Rhône, entre Valence et Montélimar, où 2000 véhicules sont détruits.

L'armada navale est issue de convois partis de l'Italie du Sud, d'Afrique du Nord ou de Corse. Dans la nuit du 14 au 15 août 1944, les commandos alliés approchent de la côte provençale. Ils ont quitté le port de Popriano en Corse dans la matinée, et voguent vers les îles d'Hyères et le cap Nègre. La mer est calme, le ciel suffisamment clair pour que la terre soit visible à la jumelle.

La brigade américano-canadienne Walker se charge des îles. Le secteur du Levant est rapidement occupé après quelques escarmouches : à l'est de l'île, la batterie du Titan, dont on craignait tant les tirs sur la flotte de libération abordant Cavalaire, n'est en fait qu'une position factice parfaitement camouflée. Sur Port-Cros, les Alliés se heurtent à une résistance plus solide et il faudra attendre le 17 août pour que la garnison accepte de se rendre.

Plus à l'est, le groupe français des commandos d'Afrique a la lourde charge de protéger le flanc gauche en détruisant les deux batteries lourdes (canons de 155 mm) du cap Nègre. À minuit cinq, le commandant Rigaud est le premiers soldat français a accoster, à bord d'un canot pneumatique, sur la plage du Rayol. Les commandos français escaladent les 100 mètres d'à-pic du cap Nègre et, par un coup de maître, parviennent à enlever la batterie qui le surplombe. Les Français finissent par atteindre leurs objectifs en profitant de la confusion semée chez l'ennemi. Au jour, le PC installé sur les collines peut recevoir un parachutage de munitions et dans l'après-midi du 15 août, la liaison est établie avec les fantassins américains débarqués à Cavalaire.

Sur le flanc est de la zone de débarquement, le corps franc Sériot (67 marins partis de Bastia) débarque entre Théoule et Le Trayas. Mais au cours de l'escalade jusqu'à la route, le corps franc tombe sur un champ de mines. En peu de temps, 26 hommes dont le chef du détachement, le capitaine de corvette Marche, sont tués ou blessés. Les survivants, la rage au cœur, sont capturés par les Allemands alertés. Mais leur captivité sera courte.

La mise à terre de la force aéroportée se déroule généralement selon le plan prévu. Dès 4 heures du matin, 535 avions de transport et 410 planeurs déposent, tout autour du Muy, à La Motte, Sainte-Rosseline, Roquebrune, près de 10 000 parachutistes, avec leurs 213 canons ou mortiers et leurs 220 Jeeps. Épaulés par les unités FFI de la région, les paras américano-britanniques s'emparent de divers objectifs, libèrent Le Muy, Draguignan, Saint-Tropez, capturent l'état-major allemand chargé de la défense du littoral de Bandol à Menton.

Le moment est presque venu pour le 6e corps d'armée américain de débarquer. Depuis l'aube, mille avions alliés ont déversé 800 tonnes de bombes sur les défenses allemandes, tandis les 400 canons lourds de la flotte tirent près de 16 000 obus. L'élan des trois divisions américaines, soutenues par la 1ère division blindée française, est irrésistible sur les plages de Cavalaire, Pampelonne, La Nartelle, La Garonnette, du Dramont, d'Anthéor... Les divisions alliées enfoncent les positions des 242e et 148e divisions allemandes, renforcées de trois bataillons de supplétifs de l'Est. Dans la nuit du 16 au 17 août, le 6e corps d'armée occupe une tête de pont de trente kilomètres de profondeur et quarante de largeur. Plus de 130 000 hommes ont été mis à terre avec 18 000 véhicules et 7000 tonnes de ravitaillement. De nombreux prisonniers (5300) ont été faits et les pertes (1300 soldats alliés hors de combat) sont relativement faibles.

Depuis le 16 août 1944 au soir, hommes, véhicules et matériels du premier échelon français de l'armée B débarquent sans interruption sur les plages de Sainte-Maxime à Cavalaire. Le général de Lattre de Tassigny n'a pas oublié ce moment poignant : « Toutes ces divisions, avec leurs traits propres qui confèrent à chacune une si nette individualité, communient dans une ferveur identique. La France est là... Encore quelques heures et ses fils venus pour la libérer se jetteront dans ses bras.

« Il faut pourtant patienter encore durant tout un jour. Mais le 16, à 17 heures, la minute attendue fiévreusement arrive enfin. Dans le lointain, on aperçoit la forêt des Maures qui brûle. D'un seul élan, sur tous les navires, tandis que montent les couleurs, la Marseillaise éclate, la plus poignante qu'on ait jamais entendue. Les torpilleurs de notre escorte et les croiseurs de l'amiral Jaujard qui depuis 24 heures soutiennent de tous leurs feux les premiers assauts de nos alliés, défilent, les équipages rangés à la bande, à contre bord de mon bâtiment. Dans la splendeur lumineuse de cette soirée d'été provençale, avides, les yeux embués, le cœur étreint, tous regardent la terre qui leur apporte le premier sourire de la France retrouvée. »[97]

Un fait inattendu bouleverse le planning de l'opération. Dès le 16 août, le général Wiese, commandant des troupes allemandes du Sud Est de la France, reçoit l'ordre de se replier en direction de la Bourgogne et de la Franche-Comté. Deux divisions ont cependant pour mission de défendre Toulon et Marseille et de ne capituler qu'après la destruction complète des installations portuaires.

Pendant que le 6e corps d'armée américain passe à l'exploitation en direction du nord de la vallée du Rhône et la route des Alpes, le général de Lattre, sans attendre la réunion de la totalité de son armée, prend le risque d'attaquer presque simultanément Toulon et Marseille.

La garnison allemande de Toulon, protégée par trente forts, une abondante artillerie et d'innombrables casemates, comprend 18 000 hommes, issus de la 242e division d'infanterie (DI), de la Kriegsmarine et de la Luftwaffe. L'ensemble est commandé par l'amiral Ruhfus. De Lattre dispose que de 16 000 soldats, provenant de la 3e DIA, de la 1ère DFL, de la 9e DIC, du bataillon de Choc et des commandos d'Afrique, d'une trentaine de chars et de 80 canons de moyen calibre. Malgré la disproportion des forces,

---

[97] *Archives militaires françaises*, Vincennes.

il accomplit l'exploit de conquérir cette immense place forte en trois phases principales, marquant le déroulement de la bataille. D'abord la phase d'investissement (20 et 21 août) au cours de laquelle le groupement du général de Monsabert tend un filet au nord et à l'ouest de Toulon, tandis que le groupement du général de Larminat s'en rapproche à l'est, l'un est l'autre devant former un large demi-cercle autour de la place d'Hyères à Bandol. Vient ensuite la phase de démantèlement (22 et 23 août), marquée par la progression systématique et difficile de la 1ère DFL et de la 9e DIC à travers la ceinture extérieure orientale de la ville que commandos et tirailleurs de la 3e DIA taraudent de leur côté. Arrive enfin la phase de réduction définitive des défenses intérieures qui est surtout l'œuvre de la 9e DIC et qui se termine, le 27 août 1944 à 23 heures 45 par la reddition sans condition de l'amiral Ruhfus et de ses dernières troupes.

Lors de cette bataille, les faits d'armes, accomplis par les forces françaises sont nombreux. Dès le 18 août 1944, un groupe des commandos d'Afrique, fort de soixante hommes, a enlevé dans un fol assaut la batterie de Mauvannes, forte de quatre canons de 150 mm de marine, tué une cinquantaine de ses servants et capturé une centaine de survivants. La résistance allemande est souvent acharnée : quinze blindés du 5e régiment de chasseurs d'Afrique sont détruits lors d'un raid vers l'arsenal de Toulon. Le 23 août, l'enlèvement du massif du Touar coûte près de 300 hommes à la 1ère DFL. Le même jour des éléments de pointe de la 9e DIC s'emparent du château de Fontpré où sont capturés 4 canons de 105, 2 de 155, 3 canons antichars de 25 et 37 mm, sans oublier 120 prisonniers. Le fort du Coudon et le fort de la Poudrière ne sont réduits qu'après des combats allant jusqu'au corps à corps.

« L'intérieur de l'ouvrage (la Poudrière), raconte de Lattre, n'est plus qu'un immense charnier couvert de décombres, où règne une épouvantable odeur de mort et que dévorent les flammes qui font à tout instant sauter des caisses de munitions. Deux cent cinquante cadavres jonchent le sol, alors que le nombre de prisonniers ne se monte qu'à 180 dont plus de 60 sont grièvement blessés. C'est un spectacle dantesque qui, d'un seul coup, réveille en moi les plus tragiques souvenirs de Douaumont et de Thiaumont, en 1916. »[98]

La presqu'île de Saint-Mandrier résiste toujours. Depuis le 18 août, l'aviation alliée n'a cessé, en dépit d'une puissante DCA, de lancer des centaines de tonnes de bombes sur les casemates qui protègent ses pièces de 340 mm. La flotte s'est jointe à ce déchaînement, dont le cuirassé français Lorraine. À partir du 21 août, le bombardement a été quasi ininterrompu. Toute la zone qui entoure le cap Cepet n'est plus qu'un immense chaos d'où émergent les squelettes calcinés des pinèdes. L'amiral Ruhfus s'y

---

[98] *Archives militaires françaises*, Vincennes.

trouve à l'abri dans les galeries bétonnées. Il ne se décide à capituler qu'après plusieurs jours de bombardement intensif.

La bataille de Toulon, marquée par 8 jours de luttes ininterrompues, coûte 2700 tués ou blessés aux troupes Françaises, dont une centaine d'officiers. Chez les Allemands ont compte un millier de tués, 17 000 prisonniers et un butin de 200 canons. Le plus grand port de guerre de l'Europe occidentale conquis est ouvert aux forces alliées pour servir de base à de nouvelles victoires.

À Marseille, le général allemand Shaeffer, commandant de la 244e division d'infanterie, dispose de 13 000 hommes, de 150 à 200 canons allant du 75 au 220 mm. La prise de cette place forte est confiée à la 3e DIA, du général de Monsabert, dont les effectifs, incomplets, ne dépassent pas 10 000 hommes, en comptant un groupement blindé d'appui de la 1ère DB française. Une partie de cette division fonce en direction de Salon.

« À Marseille, écrit Paul Gaujac, poussé par Monsabert qui contrevient aux ordres de l'armée B, cuirassiers, goumiers et tirailleurs pénètrent dans la ville, dégagent les FFI en mauvaise posture et obtiennent la reddition des Allemands avec un minimum de pertes.

« Après de violents combats autour d'Aubagne, les fantassins nord-africains s'infiltrent en effet par la montagne à travers un dispositif auquel l'ennemi n'a pas eu le loisir d'apporter la même densité qu'à Toulon et dont les arrières sont menacées par le soulèvement des FFI déclenché le 21 août. Utilisant la tactique maintes fois éprouvée en Italie, les tirailleurs pénètrent par les faubourgs Est le 23 à l'aube et, traversant l'agglomération sous les ovations de la foule, parviennent au Vieux-Port, suivis bientôt des blindés (...). S'ensuivent alors des combats de rue au cours desquels les points d'appui - dont celui de Notre-Dame de la Garde - sont réduits un à un. »[99]

La reddition du général Schaeffer intervient quelques heures après celle de Ruhfus, le dernier bastion dans les îles se rendant à la flotte le 29 août dans la soirée. L'avance sur le calendrier est maintenant de 27 jours, au prix de 1825 tués ou blessés dans les rangs français, pour 11 000 Allemands capturés à Marseille et ses environs.

Il n'y a que 12 jours qu'ont commencé de débarquer les éléments de tête de l'armée française, et 9 jours que celle-ci est entrée dans la bataille. Quatre milles des siens ont été mis hors de combat (tués ou blessés). Face aux troupes françaises, l'ennemi compte 3000 tués et 28 000 prisonniers dont 700 officiers. Deux de ses divisions sont complètement anéanties. Et l'avance française sur l'horaire prévu est d'une telle ampleur qu'elle va se répercuter sur toute la campagne.

---

[99] Paul Gaujac, *La bataille de Provence 1943-1944*, éditions Lavauzelle 1943-1944.

Par la libération de Toulon et Marseille, les Alliés disposent en Méditerranée d'une immense base qui double celle de Normandie et va contribuer à approvisionner toutes les troupes engagées sur le théâtre européen. Les deux ports du Midi assurent pendant huit mois le transit de 14 divisions et le déchargement moyen de 18 000 tonnes de ravitaillement par jour.

Les soldats africains, noirs et nord-africains, sont accueillis en libérateurs et en héros par la population française, oublieuse de ses préjugés colonialistes.

Le général de Lattre décide alors de passer à l'exploitation et de participer à la libération du Sud Est de la France. Il réussit à s'affranchir des instructions restrictives du général Patch (commandant la 7e armée américaine) qui semblent vouloir le cantonner dans des missions subalternes. Les troupes françaises vont prendre une part décisive à la poursuite, sur 700 kilomètres, de la 19e armée allemande. L'armée B est coupée en deux. À l'ouest, le groupement du Vigier remonte la rive droite du Rhône et explore les Cévennes et les monts du Lyonnais ; à l'est, la 3e DIA et la 2e DIM qui formeront bientôt, avec la 9e DIC, retenue par la prise de Toulon, le 1er corps d'armée du général Bethouart, progressent par les Alpes avant d'amorcer la réunion de l'armée à l'Est de la Saône. Au centre de l'éventail, le 6e corps d'armée américain avance sur Lyon par la Nationale 7 et la route Napoléon. Après avoir réussi à franchir le Rhône dans la région d'Arles, le 1er corps d'armée du général de Monsabert libère Montpellier avant de progresser en direction de Lyon par la bordure orientale du Massif Central. La ville est libérée le 2 septembre par la 1ère DB française, la 1ère DFL, les FFI et les troupes américaines. Simultanément, le 2e corps d'armée du général Bethouart relève les troupes américaines face aux Alpes, poursuit son avance le long du Jura en direction de la trouée de Belfort.

« Progression régulièrement entravée, raconte Philippe Masson, par les difficultés logistiques, manque de munitions et pénurie d'essence. Le ravitaillement est entravé par les sabotages et les bombardements des voies de communication, en particulier dans le secteur de Montélimar où la route doit être déblayée au bulldozer dans une odeur effroyable de cadavres en décomposition. »[100]

À plusieurs reprises, aux abords de Beaune, de Nuits-Saint-Georges ou de Dijon, la 11e panzerdivision, qui couvre la retraite de la 19e armée allemande, effectue d'efficaces contre-attaques qui freinent la progression alliée. De sérieux combats ont lieu dans la région d'Autun où la brigade allemande Bauer est capturée par les troupes FFI et des éléments de pointe de l'armée de Lattre.

Le plan du général de Lattre finit par se réaliser. La jonction avec les forces alliées venues de Normandie s'effectue à Nogent-sur-Seine, à l'ouest du plateau de Langre, le 12 septembre 1944

---

[100] Philippe Masson, op.cit.

entre un groupe de reconnaissance de la 2ᵉ division blindée française du général Leclerc et un autre de la 1ᵉʳᵉ DFL.

Le capitaine Simon, de la 1ᵉʳᵉ DFL, se souvient de ce moment historique, d'une intense émotion, où la division Leclerc rencontre l'armée d'Afrique :

« Je n'ai pas oublié l'immense joie de voir les premiers blindés de la division Leclerc venir à notre rencontre, nous qui venions de Provence, après de durs combats. Le bras Leclerc, venu de Normandie, tendait la main au bras De Lattre, partie d'Italie, de Corse et d'Afrique du Nord. Cette rencontre incarnait à nos yeux la victoire éclatante de l'armée françaises sur le nazisme, la fin des années sombres de l'occupation. »[101]

Dès le 8 septembre 1944, les troupes FFI venus du Sud-Ouest, dont le célèbre corps-franc Pommiès, ont combattu, dans la région d'Autun, avec le groupement Demetz de l'armée de Lattre. L'armée Patch est aspirée vers les Basses Vosges et en Lorraine. Elle se trouve intégrée avec l'armée B devenue 1ᵉʳᵉ armée française dans le 6e groupe d'armées du général Devers. Les deux corps de De Lattre effectuent leur jonction et prennent position en face des Hautes Vosges et le la trouée de Belfort, tout en assurant la couverture sur les Alpes du Nord.

---

[101] *Archives de la fondation de la France libre*, Paris.

Trois semaines d'efforts incessants et de succès ininterrompus ont conduit les troupes françaises de la Provence jusqu'au Jura et au pied des Vosges. Vingt-cinq départements français, près du tiers de notre territoire national, ont été reconquis. Si on y ajoute tout le grand Sud-Ouest, la moitié de la libération du territoire national est l'œuvre exclusive des forces françaises (FFI, armée de Lattre et division Leclerc). Les $1^{\text{ère}}$ et 19e armées allemandes ont laissé 100 000 prisonniers aux mains des troupes françaises depuis le débarquement de Provence. Durant la même période, du 15 août au 19 septembre 1944, l'armée de Lattre a perdu 6000 hommes (tués ou blessés).

Toutefois, à la fin septembre 1944, la poursuite s'essouffle, puis s'arrête. Les difficultés logistiques persistent et surtout on assiste au rétablissement de l'armée allemande qui s'appuie sur des positions solides, établies dans les montagnes et devant Belfort. Le temps se dégrade, avec des pluies diluviennes et une chute des températures, signes avant-coureurs d'un hiver rude et précoce.

*

Environ 60 à 75% des territoires français ont été libérés uniquement par les troupes britanniques, canadiennes, françaises (maquis et armée régulière) et autres troupes alliées non américaines. Ainsi nous sommes loin du mythe véhiculé depuis des décennies de propagande d'une France majoritairement libérée par les divisions américaines.

En janvier 1945, les effectifs militaires des principales puissances militaires alliées reposent sur 4 000 000 de soldats soviétiques, 1 430 000 soldats américains, 1 339 500 soldats britanniques et canadiens et 1 100 000 soldats français (dont 400 000 endivisionnés). Si on additionne les soldats soviétiques, britanniques, canadiens et français, on arrive à un total de 6 439 500 soldats alliés non américains et 1 430 000 soldats des États-Unis. À travers ces chiffres éloquents, il apparaît en pleine lumière que l'Amérique seule n'a pas vaincu l'Allemagne et sauvé le monde. L'apport soviétique, britannique, français et canadien a été décisif, sans négliger bien entendu celui des États-Unis. Sans l'armée américaine, les Alliés britanniques, français et canadiens n'auraient pu vaincre l'armée allemande en France en 1944, mais l'inverse est vrai également : les troupes américaines ne pouvaient battre seules la puissance militaire allemande présente en France.

En janvier 1945, l'Allemagne aligne 2 966 000 soldats contre 7 869 500 soldats alliés soviétiques, américains, britanniques, canadiens et français. La campagne d'Allemagne (janvier-mai 1945) est perdue d'avance pour le IIIe Reich.

13

LA RÉALITÉ CHIFFRÉE DE LA GUERRE DU PACIFIQUE ET EN ASIE

Il est indéniable que les forces armées américaines (terre, air, marine) ont joué un rôle déterminant dans la défaite du Japon. Mais on ne doit pas oublier l'apport important d'autres pays, dont principalement la Chine qui fixe 31 des 154 divisions japonaises dans un guerre d'usure, sur un front immense. Les Alliés australiens, néo-zélandais, britanniques, indiens et autres apportent également leurs contributions à la défaite du Japon, mais c'est l'armée américaine qui fait pencher la balance. Si l'armée chinoise, en guerre contre le Japon depuis juillet 1937, présente une force imposante sur le papier, avec 191 divisions, seulement 10 divisions sont correctement équipées, les autres reposent sur des effectifs réduits et mal armés. Le front chinois mobilise 1 700 000 soldats chinois contre 800 000 soldats japonais. L'armée japonaise, moins nombreuse, mais beaucoup mieux équipée et commandée, parvient finalement à conquérir une large partie du territoire chinois et à tenir en échec les contre-attaques adverses. Pour les États-Unis, il s'agit de fixer un maximum de divisions japonaises en Chine, loin du Pacifique et de s'assurer des bases aériennes. Cependant, malgré l'aide américaine, les résultats militaires chinois ne permettent pas à cette future grande puissance d'asseoir une position suffisamment crédible. Elle parvient cependant à fixer sur son front une trentaine de divisions japonaises, apportant un ainsi une réelle contribution à la victoire des Alliées.

De décembre 1941 à mai 1942, le Japon conquiert Hong Kong, la Malaisie, les Indes orientales hollandaises, les Philippines, la Birmanie et la plus grande partie de la Nouvelle-Guinée, ainsi que de nombreux archipels stratégiques. Le résultat de cette gigantesque expansion entraîne la mise sous tutelle japonaise de 90 millions d'êtres humains ; en outre, ce qui est peut-être le plus important, le Japon gagne dans l'affaire la plupart des matières premières qu'il a si ardemment convoitées : 88% du caoutchouc mondial, 54% de l'étain, 28% du riz, 19% du tungstène, d'énormes quantité de minerai de fer et de manganèse, enfin, le contrôle des champs pétrolifères des Indes néerlandaises. Toutes les régions que les chefs militaires de Tokyo jugent nécessaires à la formation de leur « Sphère de coprospérité de la Plus Grande Asie Orientale » sont virtuellement occupées. Jamais dans l'histoire une si importante fraction de la planète n'a été conquise en si peu de temps.

Mais le bilan militaire de cette guerre-éclair orientale est encore plus étonnant. Les Britanniques ont perdu 11 000 hommes (tués, blessés, prisonniers) en défendant Hong Kong, plus de 135 000 en Malaisie et à Singapour, 13 500 en Birmanie ; la défense des Philippines a coûté 100 000 hommes aux forces phillipino-américaines et une armée de 75 000 hommes, composée de Hollandais, de Britanniques, d'Américains et d'Australiens, a été vaincue en essayant de tenir les Indes néerlandaises. Une partie de la flotte américaine du Pacifique a été détruite dans la rade de Pearl Harbor, mais pas les précieux porte-avions. La flotte britannique d'Extrême-Orient git par le fond au large des côtes malaises. Et le coût de tout cela pour le Japon ? Seulement 4 destroyers et quelques bâtiments de moindre importance, 381 avions et environ 15 000 hommes perdus !

« Rien ne peut expliquer cette disparité dans les pertes respectives des adversaires, écrit Robert Cooper. Les Japonais ne jouissaient pas de la supériorité numérique : sur les 51 divisions que comptait l'armée nippone en 1941, 11 seulement avaient participé à la conquête de l'Asie du Sud-Est. Il faut dire, cependant, que l'armée impériale avait profité de l'énorme avantage dont bénéficie toujours l'agresseur : la latitude de pouvoir frapper à l'heure et à l'endroit choisi par lui. L'effet de surprise avait joué en sa faveur. »[102]

---

[102] *Archives militaires britanniques*, Londres.

Pour la reconquête des territoires perdus en Asie et dans le Pacifique, les forces armées américaines ne cessent de monter en puissance, passant de 270 000 hommes en mai 1942, à 1 800 000 en décembre 1943 et à 3 600 000 à août 1945. La flotte marchande japonaise, indispensable à l'effort de guerre du Japon, est largement victime de la marine américaine : forte 6 384 000 tonnes en janvier 1942, la flotte marchande nippone tombe à 1 467 000 tonnes en août 1945.

La force navale principale des principaux belligérants dans le Pacifique repose sur le porte-avions. Si en 1941 le Japon peut aligner 11 porte-avions contre 7 du côté américain, elle n'en dispose plus que de 4 contre 29 américains en 1945. La marine et l'aviation américaines ont porté des coups fatals au Japon lors de plusieurs batailles aéronavales.

Les trois grandes batailles terrestres de la guerre du Pacifique soulignent la résistance acharnée des troupes japonaises, mais également le courage des soldats américains, devant conquérir des positions solidement fortifiées, sur un terrain hostile, contre un adversaire fanatisé.

La bataille de Guadalcanal (août 1942-février 1943), oppose 60 000 soldats américains à 32 600 soldats japonais. Elle se termine victorieusement pour les États-Unis, avec des pertes importantes dans les deux camps : 7100 soldats américains et 31 000 soldats japonais tués, 29 navires américains et 38 navires japonais perdus, 615 avions américains et 683 avions japonais détruits.

La conquête américaine de l'île d'Iwo Jima (février-mars 1945) est l'une des plus meurtrières batailles du Pacifique. La seule où les pertes totales américaines sont plus lourdes que celles des Japonais. L'invasion de l'île est programmée sur cinq jours, après un bombardement aérien de plusieurs semaines et naval de trois jours, ne devant rien laisser des défenses japonaises. En réalité, il faut près de deux mois de combats acharnés pour venir à bout des troupes japonaises, habilement dissimulés dans des fortifications enterrées, d'une grande densité et très majoritairement intactes, en dépit de l'importance des bombardements préliminaires de l'aviation et de la flotte américaines. Malgré la disproportion des forces en présence, 110 000 soldats américains contre 18 591 soldats japonais, l'armée américaine rencontre les pires difficultés pour s'emparer de l'île, avec 26 083 soldats tués ou blessés contre 18 375 soldats japonais.

La conquête de l'île d'Okinawa exige trois mois de combats acharnés (avril-juin 1945). L'armée américaine doit engager 400 000 hommes contre 87 000 soldats japonais. Les pertes témoignent de l'âpreté de cette bataille : 14 009 soldats américains tués et 37 000 blessés contre 77 166 soldats japonais tués et 16 346 prisonniers ; 38 navires américains et 16 navires japonais coulés ; 763 avions américains et 1 430 avions japonais abattus ; 225 blindés américains et 27 blindés japonais détruits.

Sur les 2 565 878 soldats japonais morts durant la Seconde Guerre mondiale, 455 700 sont tués en Chine et 2 110 178 sur les autres théâtres de guerre (Philippines, Pacifique, Birmanie-Inde, Nouvelle-Guinée, Salomon et autres). Sur les 416 837 soldats américains morts durant la Seconde Guerre mondiale, 106 000 sont tombés contre l'armée japonaise, les 310 837 autres en Afrique et en Europe. La chine déplore de son côté 15 millions de morts militaires et civils.

CONCLUSION

L'apport militaire américain dans la victoire des Alliés en 1918 n'est pas décisif, limité à seulement 16 divisions engagées en première ligne, au moment où l'armée française aligne 111 divisions, les Britanniques une soixantaine et les Italiens une cinquantaine. Les Français et les Britanniques font la décision sur le front français et les Italiens sur le front austro-italien.

En mai-juin 1940, l'armée française se sacrifie héroïquement à Dunkerque, Lille, Calais, Boulogne et ailleurs, permettant à 403 517 soldats britanniques (sur 450 000 présents en France) de rembarquer et de sanctuariser la Grande-Bretagne, sans oublier la perte de 1428 avions allemands qui vont cruellement manquer durant la bataille aérienne d'Angleterre, qui va suivre quelques semaines après. L'Allemagne est ainsi condamnée à la guerre sur plusieurs fronts. En Afrique et dans les Balkans, Mussolini doit engager d'importantes troupes qui vont manquer sur le front russe. L'armée allemande ne parvient pas à vaincre l'Armée rouge en 1941, doit fixer la majorité de ses divisions dans une guerre d'usure sur un vaste territoire, contre un adversaire qui ne cesse de monter en puissance. La Wehrmacht perd la bataille de Stalingrad durant l'hiver 1942-1943, ainsi que celle de Koursk durant l'été 1943, tout en infligeant des pertes terribles à l'armée soviétique. De plus, de nombreuses divisions allemandes sont dispersées en Europe et en Afrique. Avant même l'intervention militaire américaine en Europe en 1944, l'armée allemande a déjà perdu une bonne partie de sa puissance lors des précédentes campagnes, principalement contre l'Armée rouge. La majorité de l'armée allemande lutte sur le front russe.

La campagne de Tunisie de 1943, première intervention militaire américaine contre les troupes italiennes et allemandes, souligne l'inexpérience des soldats des États-Unis, battus à Kasserine et sauvés par des renforts britanniques et français. À El Guettar, l'unique division blindée italienne Centauro tient en échec des troupes américaines dix fois plus nombreuses. En Sicile, lors de la bataille Gela en juillet 1943, les troupes américaines du général Patton manquent de peu d'être rejetées à la mer par la vigoureuse contre-attaque de la division italienne d'infanterie Livorno, et sont sauvées in-extremis par la puissante artillerie navale alliée. Patton fait exécuter de nombreux prisonniers italiens et lance une manœuvre maladroite et inutile, permettant au gros des forces germano-italiennes de rejoindre la Calabre.

En Italie, les troupes américaines piétinent devant la ligne Gustav durant de longs mois. C'est finalement le corps-expéditionnaire français du général Juin qui fait la décision en rompant les défenses allemandes, par une habile manœuvre en montagne, permettant ensuite la prise de Rome en juin 1944. En décembre 1944, la division alpine italienne Monterosa (9 100 hommes) du général Mario Carloni, fidèle à Mussolini, bouscule sur le front de Garfagnana, au nord de la Toscane, la 92e division américaine d'infanterie (18 000 hommes) du général Edward Almond. Les alpini accomplissent une percée en profondeur dans les lignes américaines et sont finalement stoppés par le mauvais temps et le manque de ravitaillement. À l'issue de cette bataille, les pertes italiennes s'élèvent à un millier d'alpini hors de combat (tués ou blessés), contre 2000 soldats américains, dont 250 prisonniers.

La France est libérée à plus de 60% par les troupes britanniques, canadiennes, françaises (maquis, division Leclerc et armée De Lattre) et autres alliés non américains. Mais l'apport des troupes américaines est important et indispensable pour vaincre l'Allemagne sur le front Ouest. Sur le front de l'Est, l'armée soviétique (385 divisions) fixe et parvient à vaincre 211 des 350 divisions allemandes. Elle joue un rôle déterminant dans la défaite allemande, s'empare de Berlin et contraint le IIIe Reich à capituler.

En janvier 1945, les effectifs militaires des principales puissances militaires alliées reposent sur 4 000 000 de soldats soviétiques, 1 430 000 soldats américains, 1 339 500 soldats britanniques et canadiens et 1 100 000 soldats français (dont 400 000 endivisionnés). Si on additionne les soldats soviétiques, britanniques, canadiens et français, on arrive à un total de

6 439 500 soldats alliés non américains contre 1 430 000 soldats des États-Unis. À travers ces chiffres éloquents, il apparaît en pleine lumière que l'Amérique seule n'a pas vaincu l'Allemagne et sauvé le monde. L'apport soviétique, britannique, français et canadien a été décisif, sans négliger bien entendu celui des États-Unis. Sans l'armée américaine, les Alliés britanniques, français et canadiens n'auraient pu vaincre l'armée allemande en France en 1944, mais l'inverse est également vrai : les troupes américaines ne pouvaient battre seules l'armée allemande en France. En janvier 1945, l'Allemagne aligne 2 966 000 soldats contre 7 869 500 soldats alliés soviétiques, américains, britanniques, canadiens et français.

Dans le Pacifique et en Asie, l'apport militaire américain est décisif dans la défaite du Japon. Mais les autres Alliés, notamment britanniques, australiens et néo-zélandais, apportent leurs contributions dans la victoire finale, sans oublier la Chine qui fixe d'importantes troupes japonaises.

Ainsi, la défaite de l'Axe durant la Seconde Guerre mondiale est le fait de nombreux facteurs, qui ne peuvent se limiter à la simple intervention américaine. Les erreurs tactiques et stratégiques allemandes et italiennes dès 1940-1941, la résistance acharnée des armées françaises, britanniques et soviétiques ont déjà largement entamé les chances d'une victoire allemande, avant l'intervention américaine en Tunisie en 1943 et en Europe en 1943-1944. L'armée américaine a apporté son importante contribution dans la défaite allemande de 1945. Mais elle n'est pas majoritaire si l'on compte la totalité des effectifs alliés engagés, avec l'armée soviétique. En Asie et dans le Pacifique, les États-Unis sont incontestablement les principaux vainqueurs de ce conflit contre le Japon.

Les États-Unis ne sont donc pas l'unique sauveurs du monde libre.

SOURCES PRINCIPALES SUR LA PREMIÈRE GUERRE MONDIALE

Archives militaires françaises, Vincennes.

Archives militaires américaines, Arlington.

National Archives, College Park.

Archives militaires allemandes, Fribourg-en-Brisgau.

Archives militaires anglaises (Imperial War Museum), Londres.

Archives militaires italiennes, Rome.

Archives militaires autrichiennes, Vienne.

Archives militaires russes, Moscou.

Stéphane Audouin-Rouzeau, Annette Becker, *La Grande Guerre 1914-1918*, éditions Gallimard 2006.

Stéphane Audouin-Rouzeau, Jean-Jacques Becker, *Encyclopédie de la Grande Guerre*, éditions Bayard 2004.

Jean-Jacques Becker, *La Première Guerre mondiale*, éditions Belin 2003.

Olivier Beressi, *La Grande Guerre 1914-1918, l'histoire vraie de la Première Guerre mondiale*, éditions Cobra 2008.

Henry Bidou, *Histoire de la Grande Guerre*, éditions Gallimard 1936.

Yves Buffetaut, *Atlas de la Première Guerre mondiale*, éditions Autrement 2005.

Louis Cadars, *L'année sanglante de Verdun*, Les Cahiers de l'Histoire n°53, février 1966, Paris.

Raymond et Jean-Pierre Cartier, *La Première Guerre mondiale*, éditions Les Presses de la Cité 1982.

François Cochet, *Première Guerre mondiale*, éditions Studyrama 2001.

Emilio Faldella, *La Grande Guerra : le battaglie dell'Isonzo 1915-1917*, éditions Chiari 2004.

Franck Ferrand, Laurent Villate, R.G. Grant, *Les 1001 batailles qui ont changé le cours de l'Histoire*, éditions Flammarion 2012.

Marc Ferro, *La Grande Guerre*, éditions Gallimard 1990.

Liliane et Fred Funcken, *L'uniforme et les armes des soldats de la Guerre 1914-1918*, éditions Casterman 1970.

Paul Guichonnet, *l'Italie, la monarchie libérale 1870-1922*, éditions Hatier 1969.

Mario Isenghi, *La Première Guerre mondiale*, éditions Casterman 1993.

Jean-Yves Le Naour, *La Première Guerre mondiale pour les nuls*, éditions First 2008.

Pierre Miquel, *Les Poilus*, éditions Pocket 2005.

Benito Mussolini, *Mon journal de guerre*, éditions Flammarion 1934.

Nicolas Offenstadt, *La Grande Guerre en trente questions*, éditions Odile Jacob 2002.

Commandant Amédée Tosti, *L'Italie dans la guerre mondiale 1915-1918*, éditions Payot 1933.

Général J.E. Valluy, avec la collaboration de Pierre Dufourcq, *La Première Guerre mondiale*, éditions Larousse 1979.

SOURCES PRINCIPALES SUR LA SECONDE GUERRE MONDIALE

National Archives, College Park.

Archives militaires américaines, Arlington.

Archives militaires françaises, Vincennes.

Archives militaires allemandes, Fribourg-en-Brisgau.

Archives militaires britanniques, Londres.

Archives militaires italiennes, Rome.

Archives militaires russe, Moscou.

Archives du centre national Jean Moulin, Bordeaux.

Archives de la Fondation de la France libre, Paris.

Archives du mémorial de Caen.

Claude Quétel, *L'impardonnable défaite 1918-1940*, éditions J.C. Lattès 2010.

John Weeks, *Armes légères de la Seconde Guerre mondiale*, éditions Atlas 1979.

Jean-Louis Crémieux-Brilhac, *Les Français de l'an 40*, éditions Gallimard 1990.

Gérard Saint-Martin, *L'arme blindée française*, éditions Economica 1998.

Claude Paillat, *Le désastre de 1940, la guerre éclair, 10 mai-24 juin 1940*, éditions Robert Laffont.

Sous la direction de Jean Lopez, avec Nicolas Aubin, Vincent Bernard et Nicolas Guillerat, *Infographie de la Seconde Guerre mondiale*, éditions Perrin 2018.

Jean-Claude Delhez, *Chars d'assaut, un siècle d'imposture*, éditions Jourdan 2017.

Pierre Miquel, *La Seconde Guerre mondiale*, éditions Fayard 1986.

Bernard Horen, *Une bataille oubliée de la Seconde Guerre mondiale, bataille de Stonne – Le Mont Dieu – Tannay 14-25 mai 1940*, éditions Association Ardennes 1940 à ceux qui ont résisté, Stonne 2007.

Raymond Cartier, *La Seconde Guerre mondiale*, éditions Paris Match 1978.

Pierre Rocolle, *La Guerre de 1940, la défaite 10 mai-25 juin*, éditions Armand Collin 1990.

Jean-Claude Delhez, *La déroute française de 1940 : la faute aux Belges ?*, éditions Economica 2015.

Henri Amouroux, *Le peuple du désastre 1939-1940, la grande histoire des Français sous l'occupation*, éditions Robert Laffont 1976.

Robert Paxton, *La France de Vichy 1940-1944*, éditions Le Seuil 1973.

Bush à oreille, les nouveaux Amuse-Bush, éditions Le Cherche Midi 2003.

Général Maurice Gamelin, *Servir*, éditions Plon 1946-1947.

Jacques Riboud, *Souvenirs d'une bataille perdue (1939-1940)*, éditions JRSC 1995.

Walter Lord, *Le Miracle de Dunkerque*, éditions Robert Laffont, 1983.

Laurent Henninger, Thierry Widemann, *Comprendre la guerre, Histoire et notions*, éditions Perrin 2012.

Icare n°45 (été 1970), *revue de l'aviation française, 1939-1940, La bataille de France, volume I, la chasse*.

Jean Gisclon, *La grande aventure de la chasse française de 1939 à 1945*, éditions France-Empire 1983.

André Kaspi, Ralph Schor, *La Deuxième Guerre mondiale, chronologie commentée*, éditions Complexe 1995.

Jean-Pierre Azéma, Olivier Wieviorka, *Vichy 1940-1944*, éditions Perrin 1997.

Colonel Rémy, *Mémoires d'un agent secret de la France libre*, éditions France Empire 1998.

Henri Noguères, *Histoire de la Résistance en France*, éditions Robert Laffont 1981.

Général Eisenhower, *Mémoires sur la Deuxième Guerre mondiale*, éditions Robert Laffont 1949.

Olivier Wieviorka, *Histoire de la Résistance 1940-1945*, éditions Perrin 2013.

Will Irwin, Les Jedburghs, *l'histoire secrète des forces spéciales alliées en 1944*, éditions Perrin 2008.

Antony Beevor, *D-Day et la bataille de Normandie*, éditions Calmann-Lévy 2009.

Entretiens de l'auteur avec Guy Cartaud, ancien combattant de la France libre, avril 2000, Bordeaux.

Général Koenig, *Bir Hakeim*, éditions Robert Laffont 1971.

Lutz Koch, *Rommel*, éditions Plon 1950.

Maréchal Rommel, *La Guerre sans haine*, éditions Amiot-Dumont 1952.

Lieutenant-colonel Rémy Porte, *Les Dossiers de la Deuxième Guerre mondiale* n°6, octobre-novembre-décembre 2006, Bir Hakeim face aux panzers de Rommel.

Eddy Bauer, *La Guerre des blindés*, éditions Payot 1962.

Ligne de Front n°5, mai-juin 2007.

Costa de Loverdo, *La Grèce au combat 1940-1941*, éditions Calmann-Lévy 1966.

Général Platt, *La Guerre en Afrique orientale*, éditions Payot 1956.

Guerre & Histoire n°2, publication Science et Vie.

Commandant Jean-Noël Vincent, *Les Forces françaises libres en Afrique 1940-1943*, éditions du Service historique de l'armée de terre 1983.

Histoire de guerre n°20, novembre 2001.

Correlli Barnett, *Les Généraux du désert*, éditions Pocket 1965.

Georges Bernard, *La Yougoslavie dans la guerre*, éditions Fayard 1968.

La Gazette des Uniformes n°143.

Volontari di Francia, éditions Italo Svevo 2006.

Renzo de Felice, *Mussolini* (9 tomes), éditions Enaudi 1965-1997.

Emilio Gentile, *Qu'est-ce que le fascisme ? Histoire et interprétation*, éditions Gallimard 2004.

Philippe Foro, *l'Italie fasciste*, éditions Armand Colin 2016.

André Brissaud, *Mussolini* (3 tomes), éditions Perrin 1983.

Michel Ostenc, *Mussolini : une histoire du fascisme italien*, éditions Ellipses 2013.

Pierre Milza, *Mussolini*, éditions Fayard 1999.

Frédéric Le Moal, *Histoire du fascisme*, éditions Perrin 2018.

Emil Ludwig, *Entretiens avec Mussolini*, présentation de Maurizio Serra, éditions Perrin 2016.

Pierre Milza et Serge Berstein, *l'Italie contemporaine*, éditions Armand Colin 1973.

Guerres et Histoire n°43, juin 2018.

Philippe Lamarque, *6 juin 1944, le débarquement, opération Overlord*, éditions CMD 2001.

Jean-Claude Delhez, *Chars d'assaut, un siècle d'imposture*, éditions Jourdan 2017.

Nicolas Aubin, *Patton, le meilleur général américain*, dans l'ouvrage collectif sous la direction de Jean Lopez et Olivier Wieviorka, *Les mythes de la Seconde Guerre mondiale*, volume 2, éditions Perrin/Guerres et Histoire 2017.

Böhmler, *Monte Cassino*, éditions Rupert Verlag 1955.

John Ellis, *Cassino, une amère victoire janvier-juin 1944*, éditions Albin Michel 1987.

Andrea Augello, *Uccidi gli italiani. Gela 1943. La battaglia dimenticata*, éditions Ugo Mursia 2012.

OUVRAGES DU MÊME AUTEUR

L'Italie en guerre 1915-1918. Éditions Ulysse 1986.

Les guerres de Mussolini. Éditions Jacques Grancher 1988.

Connaître les châteaux du Périgord. Éditions Sud-Ouest 1989.

La Résistance dans le Sud-Ouest (préface de Jacques Chaban-Delmas). Éditions Sud-Ouest 1989.

L'épopée du corps franc Pommiès. Éditions Jacques Grancher 1990.

Le Sud-Ouest mystérieux. Éditions Sud-Ouest 1990.

L'affaire Grandclément. Éditions Sud-Ouest 1991.

Le livre d'or de la Résistance dans le Sud-Ouest. Éditions Sud-Ouest 1991.

Bordeaux pendant l'occupation. Éditions Sud-Ouest 1992.

Les contes populaires de toutes les Pyrénées. Éditions Sud-Ouest 1992.

Les grands crimes du Sud-Ouest. Éditions Sud-Ouest 1993.

Les FFI au combat. Éditions Jacques Grancher 1994.

Souvenirs de la guerre 1939-1945. Éditions Sud-Ouest 1995.

La montagne de lumière (roman). Éditions Lucien Souny 1995.

Gabriele d'Annunzio en France 1910-1915. Éditions J/D 1997.

Mussolini. Éditions Chronique 1997.

Rommel. Éditions Chronique 1998.

La poche du Médoc 1944-1945. Éditions CMD 1998.

Jacques Chaban-Delmas. Éditions CMD 1998.

Bordeaux et Arcachon à la Belle Époque. Éditions CMD 1998.

Bordeaux brûle-t-il ? La libération de la Gironde 1940-1945. Éditions Les Dossiers d'Aquitaine 1998.

Biarritz à la Belle Époque. Éditions CMD 1998.

Les corridas de Bayonne. Éditions CMD 1999.

Bordeaux, la base sous-marine 1940-1944. Éditions CMD 1999.

Bernadette Soubirous. Éditions CMD 1999.

Les échassiers des Landes. Éditions CMD 1999.

Périgord, l'aventure de la Préhistoire. Éditions CMD 1999.

Périgord, histoire de la truffe. Éditions CMD 1999.

Histoire de la France militaire et résistante. Éditions du Rocher 2000.

Aquitaine, histoire de la Résistance. Éditions CMD 2000.

Limousin, histoire de la Résistance. Éditions CMD 2001.

Orthon le farfadet et autres histoires mystérieuses de l'Aquitaine. Éditions du Rocher 2001.

Jean-Pierre Schnetzler, itinéraire d'un bouddhiste occidental. Éditions Desclée de Brouwer 2001.

L'affaire Bentzmann 1939-1945. Éditions les Chemins de la Mémoire 2002.

La poche de Royan 1939-1945. Éditions les Chemins de la Mémoire 2002.

Les combats victorieux de la Résistance dans la libération 1944-1945. Éditions du Cherche Midi 2002.

Les voies de la sérénité, les grandes religions et l'harmonie intérieure. Éditions Philippe Lebaud 2002.

Regards chrétiens sur le bouddhisme, de la diabolisation aux convergences. Éditions Dervy 2002.

Histoires mystérieuses du Sud-Ouest. Éditions les Chemins de la Mémoire 2002.

La bataille des cadets de Saumur, juin 1940. Éditions les Chemins de la Mémoire 2002.

La libération du Sud-Ouest 1944-1945. Éditions les Chemins de la Mémoire 2003.

Le grand livre des fantômes. Éditions Trajectoire 2003.

Lama Namgyal, vie et enseignement d'un moine bouddhiste occidental. Éditions les Presses de la Renaissance 2003.

Arcachon : pages de son histoire. Éditions les Chemins de la Mémoire 2003.

Visite historique de Bayonne. Éditions les Chemins de la Mémoire 2003.

Visite historique de Biarritz. Éditions les Chemins de la Mémoire 2003.

Visite historique de Bordeaux. Éditions les Chemins de la Mémoire 2003.

Visite historique du Bassin d'Arcachon. Éditions les Chemins de la Mémoire 2003.

Les plages du débarquement. Éditions les Chemins de la Mémoire 2003.

La France combattante de la victoire 1944-1945. Éditions les Chemins de la Mémoire 2003.

La Poche de la Rochelle 1944-1945. Éditions les Chemins de la Mémoire 2003.

Rommel (biographie), la fin d'un mythe. Éditions du Cherche Midi 2003.

Les Chercheurs d'Absolu. Éditions du Félin 2003.

Lama Guendune, un grand maître tibétain en France. Éditions Oxus 2003.

Les vies antérieures, des preuves pour la réincarnation. Éditions du Félin 2004.

Histoire de la presse en France. Éditions de Vecchi 2004.

Les voies spirituelles du bonheur (yoga, bouddhisme, oraison, soufisme). Éditions inFolio 2005.

Les Jésuites. Éditions de Vecchi 2005.

Comme des lions, Le sacrifice héroïque de l'armée française en mai-juin 1940. Éditions Calmann Lévy 2005.

Les Templiers. Éditions de Vecchi 2005.

Les grandes affaires de la Résistance. Éditions Lucien Souny 2005.

La Réincarnation, histoires vraies. Éditions Trajectoire 2006.

Les Missionnaires. Éditions de Vecchi 2006.

C'est nous les Africains, l'épopée de l'armée française d'Afrique 1940-1945. Éditions Calmann Lévy 2006.

Histoires extraordinaires du bouddhisme tibétain. Éditions InFolio 2006.

Les grands ordres militaires et religieux. Éditions Trajectoire 2006.

Histoires extraordinaires de la Seconde Guerre mondiale. Éditions Lucien Souny 2006.

Jean Moulin. Éditions Infolio 2007.

La dérive intégriste. Éditions Acropole 2007.

La libération de la France. Éditions Lucien Souny 2007.

Lieux de pèlerinages et grandes processions. Éditions Trajectoire 2007.

Mers el-Kébir, juillet 1940. Éditions Calmann-Lévy 2007.

Lourdes la miraculeuse. Éditions Trajectoire 2008.

Les poches de l'Atlantique 1944-1945. Éditions Lucien Souny 2008.

Les 35 plus grandes affaires criminelles. Éditions Trajectoire 2008.

La guerre italo-grecque 1940-1941. Éditions Calmann-Lévy 2008.

Les victoires militaires françaises de la Seconde Guerre mondiale. Éditions Lucien Souny 2009.

La bataille de Bir Hakeim, une résistance héroïque. Éditions Calmann-Lévy 2009.

Convergences chrétiennes et bouddhistes. Éditions Oxus 2009.

Les grandes figures de la Résistance. Éditions Lucien Souny 2009.

Les mystères des manuscrits de la mer Morte. Éditions de Vecchi 2009.

Les mystères des prophéties. Éditions de Vecchi 2009.

Spectres, esprits et apparitions. Éditions de Vecchi 2009.

Le bouddhisme vu par la science. Éditions Oxus 2010.

La bataille de France jour après jour mai-juin 1940. Éditions Le Cherche Midi 2010.

Croyances et légendes populaires. Éditions de Vecchi 2010.

La bataille de Stonne, Ardennes 1940. Éditions Perrin 2010.

L'apport capital de la France dans la victoire des Alliés, 1914-1918 et 1939-1945. Éditions Le Cherche Midi 2011.

La bataille de Dunkerque 26 mai – 4 juin 1940. Éditions Tallandier 2011.

39-45 Les soldats oubliés, ceux dont l'Histoire ne parle plus. Éditions Jourdan 2012.

L'armée française pour les Nuls. Éditions First 2012.

Koenig, l'homme de Bir Hakeim. Éditions du Toucan 2012.

La libération de la France jour après jour 1944-1945. Éditions Le Cherche Midi 2012.

Histoire générale de la Résistance française. Éditions Lucien Souny 2012.

La Résistance. Éditions Gründ 2012.

La Gestapo et les Français. Éditions Pygmalion 2013.

Légendes et fadaises de la Seconde Guerre mondiale. Éditions Jourdan 2013.

Histoires extraordinaires de la Résistance française. Éditions Le Cherche Midi 2013.

La Résistance pour les nuls. Éditions First 2013.

Fiers de notre histoire. Éditions First 2013.

Les Crimes nazis lors de la Libération de la France 1944-1945. Éditions Le Cherche Midi 2014.

12 Trains qui ont changé l'Histoire. Éditions Pygmalion 2014.

La bravoure méconnue des soldats italiens 1914-1918 & 1939-1945. Éditions Altipresse 2014.

Gabriele d'Annunzio ou le roman de la Belle Époque. Éditions Le Rocher 2014.

Les opérations commandos de la Seconde Guerre mondiale. Nouveau Monde éditions 2014. Nouvelle éditions en Poche 2016.

Les grandes figures de la Résistance française. Éditions Sud-Ouest 2014.

Combats oubliés, résistants et soldats français dans les combats de la Libération 1944-1945. Éditions du Toucan-L'Artilleur 2014.

Éloge de l'armée française. Éditions Pierre de Taillac 2014.

La France s'est faite à coups d'épée, l'épopée des grandes batailles d'Hastings à la Libération. Éditions Armand Colin 2015.

Histoires extraordinaires de la guerre aérienne 1939-1945. Éditions JPO 2015.

Histoires incroyables et héroïques de la Résistance. Éditions JPO 2015.

Bordeaux sous l'Occupation. Geste éditions 2015.

Alain Juppé sans masque. Éditions First 2016.

Histoires extraordinaires de la Seconde Guerre mondiale. Éditions Le Cherche Midi 2016.

Histoires incroyables de la guerre 1939-1945. Métive éditions 2016.

Petite histoire du Pays basque. Geste éditions 2016.

La poche du Médoc 1944-1945. Geste éditions 2016.

La libération du Sud-Ouest. Geste éditions 2016.

Les grandes affaires d'espionnage de la Ve République. Éditions First 2016.

Histoire du Pays basque. Geste éditions 2016.

Le mythe du sauveur américain 1917-1918, essai sur une imposture historique. Éditions Pierre de Taillac 2017.

Jean-Claude Hubert, souvenirs de guerre d'un résistant, contre-espion et commando 1939-1945. Geste éditions 2017.

La Charente sous l'occupation. Geste éditions 2017.

Le Pays basque sous l'occupation. Geste éditions 2017.

Le Lot-et-Garonne sous l'occupation. Geste éditions 2017.

Les Landes sous l'occupation. Geste éditions 2017.

Les 100 000 collabos, le fichier interdit de la collaboration française. Éditions Le Cherche Midi 2017.

Ces chrétiens qui ont résisté à Hitler. Éditions Artège 2018.

SS français, récits, lettres et témoignages inédits de la SS Charlemagne. Éditions Jourdan 2018.

Nouvelles histoires extraordinaires de la Résistance, 16 récits inédits de héros qui ont sauvé la France. Éditions Alisio-Leduc 2018.

Les années interdites. Auteurs, journalistes et artistes dans la Collaboration. Éditions de l'Archipel 2018.

Les grandes affaires de la Libération 1944-1945. Éditions Alisio 2019.

Les vérités cachées de la Seconde Guerre mondiale. Éditions du Rocher 2019.

Histoires extraordinaires de miracles et d'apparitions. Enquêtes et récits sur l'invisible dans les traditions chrétiennes et bouddhistes. Éditions Leduc 2019.

Jésus l'universel, l'histoire d'un message spirituel. Éditions Alisio 2019.

www.leretourauxsources.com

DOMINIQUE LORMIER

www.ingramcontent.com/pod-product-compliance
Lightning Source LLC
Chambersburg PA
CBHW050130170426
43197CB00011B/1780